Die Bücher von MARILU LÖRLER entstehen alle aus dem direkten Im-Puls des Lebens. Die Autorin selbst hatte nie die Absicht zu schreiben – ihr Schreiben geschieht ... Die Freude, Originalität und Betroffenheit, die Marilu Lörler selbst beim Schreiben er-lebt, sprüht auf den Leser über und be-rührt, er-mutigt, be-wegt, ver-führt zur Tat.

»Wenn ich etwas ändern möchte, muß ich es Jetzt tun. Wann sonst?«

DIE AUTORIN inspiriert in ihrem neuen Buch zu einem Leben in Wachheit, dem An-Wesend-Sein-Im-Jetzt. Das Leben-dige-Leben finden wir nur im Jetzt, wo sonst?
Wer bin ich wirklich?
Hier als Mensch auf der Erde? Jetzt in diesem Augenblick? Hier in diesem Körper?
Dies zu erfahren – nicht mehr sekundär über Systeme, wie Wissenschaft, Psychologie, Medizin, Anthropologie, Religion, Esoterik – sondern aus erster Hand im hautnahen Kontakt Mensch ∞ Schöpfung, ist der Fokus der Autorin in ihrem Forschen, Er-Leben und Mit-Teilen.
Marilu Lörler lebt mit ihrem Mann im Süden Portugals an ei-nem einsamen Ort in der Wildnis, den die beiden auf die Arbeit der Stille einge-stimmt haben. Dort läd die Autorin ein zum »Gang-in-die-Wüste«: der Einkehr zu sich selbst, der Übung des An-Wesend-Seins.
An-Wesend-Im-Jetzt erfährt jeder Übende direkt, was jenseits des Wortes »Meditation« **wirkt.** AugenBlick für AugenBlick. Jetzt.
Auch der Leser dieses Buches wird bereits eingeladen, selbst hineinzuspringen in die Jetzt Übung – eine Übung, die eins ist mit Leben-lernen, die uns fordert bis zum letzten Atemzug und lebbar ist in Allem, im AllTag. Jetzt.

Marielu Lörler

Die Jetzt-Übung

Wo Mensch und Schöpfung eins sind

Schirner Taschenbuch

Originalausgabe

ISBN 3-89767-432-7

1. Auflage
© 2004 Schirner Verlag, Darmstadt
Alle Rechte vorbehalten

Umschlaggestaltung: Murat Karaçay
Satz: Elke Hoffmann
Herstellung: Reyhani Druck und Verlag, Darmstadt

www.schirner.com

Inhaltsverzeichnis

Für Pedro, der mir hilft auszumisten,
für meine Eltern, die mein Leben segnen,
für Lilo, die mich begeisterte, dieses Buch
zu Ende zu schreiben,
und für alle Menschen, die ihre Selbst-Er-
lösung in ihre eigenen Hände nehmen:
in der alltäglichen Übung des wachen
Da-Seins!

Danke dem Schirner Verlag für das Ver-
trauen und die fließende Zusammenarbeit.

Hinweis für den Leser:

Viele Wörter in diesem Buch sind anders als gewohnt geschrieben, wie »An-Wesend-Sein« oder »AnWesendSein«. Dies ist kein orthographischer Irrtum, sondern bewußt gewählt zur BeTonung des wirkenden Inhalts des Wortes!

Der Kreis schließt sich

Vor-Wort:

Heute, am 24. Januar 2004, tippe ich diese letzte Seite des vorliegenden Buches. Seit einigen Jahren spürte ich die Auf-Forderung, ein Buch zum Thema »Meditation« zu schreiben. Ich wehrte mich, schob es immer wieder von mir, hatte Angst, dem nicht gewachsen zu sein, da Meditation eine Kraft ist, die nicht mit Worten aufgenommen werden kann. Doch immer, wenn ich mit anderen Übenden in den Kreisen der Wachheit übte, war mir sonnenklar, daß ich dieses Buch schreiben würde, in ganz klaren Momenten tauchte es in mir auf ... ich brauche mich nur anzu-vertrauen.

Eines Tages, in der heißesten Siesta, die der Süden Portugals je erlebte, spürte ich den »Ruf«, setzte mich hin und ließ die Worte kommen. Innerlich brannte die Hitze in meiner Magma noch heftiger als die äußere Hitze. Ich verbrannte mit all meinen Zweifeln und Widerständen und schrieb und schrieb. Es gab mich nicht mehr, erst als ich merkte, wie die Hitze in eine abendliche Brise überging, und es fast schon zu dämmern begann, fühlte ich mich wieder vor der Schreibmaschine. Ich erlebte, wie die Kraft der Meditation auch Worte er-weckt, so wie sie alles, was sie berührt, aufweckt.

Dieses absolute Drinnen-Sein im Schreiben erfuhr ich immer, wenn ich den AugenBlick beachten konnte, der mich zum Schreiben rief. Mein »Ich« hatte vor, das Buch an den heißen Sommernachmittagen zu schreiben, aber das Leben-dige hatte andere Pläne, und so entstand das Hier-Geschriebene im Laufe eines Sommers bis heute, immer wieder durch Atem-Pausen erfrischt. Ich will nicht behaupten, daß es mir gelungen ist, stets wach geschrieben zu haben, aber jetzt, wo ich es noch einmal für mich lese, spüre ich die gleiche Freude und Ekstase, die mich auch beim Schreiben ergriff – und das Befreiendste dabei ist: Ich habe nicht das Gefühl, daß »Ich« es geschrieben habe. Ich danke der Stille dieses Ortes – Monte-do Silencio.

Was ich hier mit-teile, ist kein Wissen, sondern bloße Übung:

- Die Übung des wachen Da-Seins!
- Das Schmecken von Meditation!

Für wen ist dieses Buch?

*»Mach dir kein Bild von mir!« sprach die
Schöpfung zu dem Menschen und entzün-
dete in ihm das Feuer der Wachheit: sein
Magma. Somit hatte er den Schlüssel in seinen eigenen Händen, sich die Realität der
Meditation zu öffnen und sich selbst darin
zu verstehen ... und sobald er sich selbst
erkennt, erkennt er alles: die Welt von Leben und Tod bis hin zur Welt des Seins ...
Das Verstandene kann nicht mehr in Worten ausgedrückt werden, es ist da, um ver-
wirklicht zu werden; den Himmel auf die
Erde zu bringen!*

Dieses Buch ist ein Anstoß und eine Ermutigung,
zum Aufwachen. Es ist für Menschen, die müde und
damit unzufrieden sind, »Secondhandmenschen« zu
sein:

Menschen, die ihr Frei-Sein an Autoritäten wie Wissenschaft, Religion, Lehren, Therapien, Esoterik, Medizin, Psychologie etc. verkauft haben.

Für Menschen also, die sich mit nichts mehr identifizieren wollen, die keiner Meinung mehr angehören
und selbst keine Meinung mehr haben.

Für Menschen ohne die EinBildung, etwas zu wissen,
für Menschen mit echter Sehnsucht und der Bereitschaft
zur Suche nach dem »wirklichen Leben«, nach ihrer Originalität (im Sinne von Ursprünglichkeit), humorvoll
ausgedrückt, für Menschen, die bereit sind, »First-class-
people« zu sein; das heißt ein Ebenbild der Schöpfung!

Für Menschen, die sich in keine Systeme mehr einsperren lassen wollen, für Menschen, die sich selbst nicht mehr achten können, weil sie Tag für Tag gegen sich selbst leben, für Menschen, die absolut satt sind von den Ablenkungsmanövern der Gesellschaft, für Menschen, die denken, etwas Besonderes sein zu müssen, für Menschen, die der Stimme ihres innewohnenden Ge-Wissens nicht mehr entfliehen können. Für Menschen, die reif sind, den Sprung ins Leben selber zu wagen, und aus erster Hand schmecken wollen, wie dieses Leben ist, für Menschen, die Kinder begleiten und ihre Entwicklung mit »Echtem« fördern wollen, für Menschen, die entdecken, daß sie nicht »Mensch«, sondern »Ego« leben und darunter leiden, für Menschen, die ahnen, daß jenseits dieses unersättlichen Egos noch etwas anderes auf sie wartet. Vielleicht das Paradies, das uns verlorengegangen ist, uns aber in kurzen Momenten mit einem Gefühl der Glückseligkeit daran erinnert, daß es in uns schlummert, da ist, um wiedergefunden zu werden. Für Menschen, die krank sind und erkennen, daß die Heilkraft in ihnen selbst geweckt werden muß, für Menschen, die wirklich frei sein wollen von aller Illusion und reif sind, dafür alles zu geben.

Systeme wie Wissenschaften, Religionen, alle Lehren, die vorgeben, etwas über den Menschen und das Leben, die Schöpfung, zu wissen, machen sich ein Bild davon (verharren in der Ein-Bildung), verführen zu einer Bildung, die nur Teile beachtet, aber nie das Ganze erfassen kann. Immer wieder verfällt man hier dazu, das Lebendige in Käfige zu sperren. Solche Systeme bauen nur schein-heile Brücken zur echten Wirklichkeit, da sie etwas über sie aussagen, aber gespalten von ihr bleiben und gar nicht richtig in ihr drinnen sind, nicht eins mit ihr sind, nicht wirklich sind. Vielmehr bilden sie Hierarchien, die sich wieder untereinander bekämpfen, weil jede behauptet, ihr Bild sei das rechte. Sie kreieren Autoritäten, die Untertänige, Blindgläubige, Manipulierbare erziehen, anstatt autarke Menschen. Schauen Sie, wie wunderbar ist der Blick in den nächtlichen Sternenhimmel, der still die Magie dieses Himmels in sich aufnimmt, und wie jämmerlich ist der Oberschlaue, der alle Sternbilder brav benennen, aber niemals ihre Kostbarkeit schmecken kann. Worte, Wissen, Definitionen, Vorstellungen ... lassen uns nicht eindringen in das, was wir verstehen wollen. Dies ist eine Tatsache.

Es ist daher nicht mein Anliegen, ein Buch über Meditation zu schreiben. Das wäre wiederum nur Wissen, EinBildung!

Hier zentriert sich alles nur auf eine *Übung*, die uns befähigt, Kontakt mit der Kraft aufzunehmen, die hinter dem so vielinterpretierten Wort »Meditation« *wirkt*.

Meditation kann nicht erlernt werden wie eine Wissenschaft oder Lehre, ebensowenig wie Liebe erlernt werden kann oder das Atmen. Meditation ist da, sie existiert, wie Liebe existiert, wie Atem existiert! Wie die wirkliche Welt existiert – ohne sie interpretierende Systeme, jenseits der Worte, ungefiltert durch ein Sieb von Bewertung – das Echte, das Ungefälschte, das Original – die Welt, so wie sie wirklich ist in den Augen der Schöpfung! Der springende Punkt ist einzig und allein, wie kann ich mich mit der echten Welt, dem wirklichen Leben(-digen) verbinden, um diese Kraft direkt zu erfahren ohne Dazwischenschaltung einer sie interpretierenden Autorität?

Und tatsächlich, es gibt etwas, was so einfach ist, wie in einen Apfel hineinzubeißen und zu schmecken, wie er ist. Niemand braucht mir zu erklären, wie der Apfel schmeckt, denn ich habe selbst hineingebissen! Es gibt eine *Übung*, die uns ins Leben hineinbeißen läßt, eine Übung, die kollektiv für alle Menschen existiert, egal welcher Kultur oder Zeitepoche sie angehören.

Dieses Buch ist mehr ein Insrument, ein Handwerkszeug, das jeder freiwillig in die eigenen Hände nehmen kann, um für sich selbst den Kontakt zum wirklich Lebendigen herzustellen: Plus und Minus zusammenzuschließen, damit der Strom fließt. Ohne das Verbunden-Sein mit der Kraft, die hinter dem Wort »Meditation« *wirkt*, bleibt der Mensch mal im Plus, mal im Minus stehen. Aber er kann niemals die beiden Pole zusammenschmelzen, damit Strom, das Fließend-Lebendige ihn ergreift und Einheit kreiert, wo die Illusion des GeTrenntSeins aufgehoben ist im Eins-Sein, All-Ein-Sein!

»Individuum«, das Nicht-Trennbare, so treffend bezeichnen wir uns ja. Oder »Person«, das Durch-Tönende, die Frequenz des Lebensstromes, durchfließende Kraft.

Das hier mitgeteilte Handwerkszeug ist schlicht und klar wie jedes solide Handwerkszeug, es ist anwendbar in allem, im All-Tag. Also ist es keine bequeme Meditationspraxis für ein paar Minuten im Lotussitz, mit Exotik oder östlicher Religion verbrämt. Vielmehr handelt es sich um eine Übung, die ein waches Da-Sein trainiert, eine Wachheit in allem, von Sonnenaufgang bis Sonnenuntergang, Tag und Nacht, AugenBlick für AugenBlick! Jetzt! Und nur jetzt! *Die Übung der Wachheit. Die Jetzt-Übung.* Das einzige Leben, das ich leben kann, ist jetzt! Der wirklich besondere Moment in meinem Leben ist jetzt! Es gibt keinen zweiten!

Und wenn es etwas zu ändern gibt, dann muß ich es *jetzt* tun. *Wann sonst?*

14

Meditationspraxis für den Menschen von heute

Meditation ist wie das Salz der Erde –
ohne sie schmeckt nichts wirklich!

Meditation wird ähnlich wie die Begriffe Gott, Liebe, Religion und Spiritualität mißverstanden und meist getrennt vom All-Tag, abstrakt praktiziert als etwas Schein-Heiles, mehr in der Vorstellung beheimatet als in der Wirklichkeit.

So vieles wird heute als Meditation angepriesen: Meditationsmusik, die bestimmte Energiezentren vitalisiert; Mantren und Sutren, die ständig dasselbe runterleiern, um den Verstand auszutricksen; Körperverrenkungen wie wildes Tanzen, gepuschtes Atmen, Sich-auf-den-Boden-Werfen und Wieder-Aufstehen; den Kopf so lange schütteln, bis er leer wird, den Atem zählen, sich ein blaues Licht visualisieren, den Kopf auf eine blanke Wand starren lassen, Mandalamalen, in Kristalle blicken, spirituelle Bilder anschauen, geistigen Texten zuhören ... und tausend Spiele mehr, die sich gewitzte Gurus ausdenken, um den Menschen einzufangen und ihn wieder ins alte Klischee der Gefolgschaft verfallen zu lassen.

Schauen wir genau hin: Wo läßt sich eine dieser sogenannten Meditationspraktiken im All-Tag, *in allem*, verwirklichen? Und wo bleibt sie nur Ritual für ein paar Minuten?

Gerade in den letzten Jahren im Anschwellen des New-Age ist ein esoterischer Jahrmarkt hochgeschnellt, der mehr Verwirrung als Klärung bringt und deutlich macht, wie wenig an Instinkt für Echtes im Menschen übriggeblieben ist. Ausmisten kann da nur jeder für sich selbst. Und wenn Meditation die reine, ungefilterte Welt der Schöpfung repräsentiert, dann wäre doch der Zugang zu ihr nur für die Dauer eines Rituals sehr wenig. Dann wäre ich als wacher Mensch nur für diese paar Minuten lebendig. Wer bin ich dann für den Rest des Tages?

Herausfinden, wie das wirkliche Leben schmeckt, fordert eine tägliche Übung, die nie aufhört, solange wir auf der Erde sind. Und für diese Übung brauche ich nichts, außer *in mir wach da-zu-sein.* Sie ist eine Einladung vom Leben selbst, AugenBlick für Augen-Blick mich auf es einzustimmen, zu lernen, wie *es* ist, wahrzunehmen, wie *es* in mir wirkt, wie *es* sich durch mich ausdrücken möchte. Was ist dann »wirkliche« Meditation?

Lassen Sie mich »Meditation« einfacher als *»das Leben, wie es wirklich ist«* bezeichnen, allein darum, um das mit so vielen schrägen Vorstellungen bespinnwebte Wort zu befreien. Das Leben, wie es wirklich ist, das Leben in seiner Reinheit, in seiner Ganzheit, in seiner Namenlosigkeit, jenseits dessen, was der Mensch daraus gemacht hat, wie er es interpretiert, benutzt, ver- und be-wertet, aufspaltet in 1., 2. und 3. Welt! Wir wollen hier niemals definieren, was dieses pure Leben ist, was »Wirklichkeit« ist. Denn dann macht es »Schnapp«, und der Käfig ist wieder zu. Der Wissenwollende sperrt sich immer ein, er verblendet in seiner Ein-Bildung. Liegt nicht gerade darin der Duft der Lebendigkeit, die Wirklichkeit mit jedem AugenBlick neu, unbekannt und unbenannt, zu verströmen? Ist sie nur darin »wirklich«, eine nie versiegende Quelle, die mit jedem Tropfen erquickt? »De-fin-ieren«, da steckt »finis«, »das

16

Ende«, drin, da wird sichtbar, wie wir Grenzen stecken und ein fingiertes Ende setzen, wo in Wirklichkeit jedoch gar nichts zu Ende geht.

Hier interessiert uns also eine Meditationspraxis ohne Tempel, ohne Priester, ohne Ritual, ohne Lehre, jenseits aller Art von Manipulation und Interpretation, eine Übung, die das ganze Leben erfaßt:

AugenBlick für AugenBlick. Eine Übung, die ich immer praktizieren kann, eine Übung, die mein Leben ist. Gefordert ist der eigene Sprung ins Wirkliche – in die Eigenverwirklichung! Solch gewagter Sprung berührt den Ur-Sprung, der mich meine »Originalität« schmecken läßt und mich belebt wie der Tropfen aus der Quelle.

So bin ich immer an der Quelle, bestens in-formiert, was wirklich ist. Dies formt mich, dies formt mein Leben, dies ent-wickelt mich. Und das Intelligenteste ist, nichts darüber zu sagen, sondern den schöpfenden Mund leer zu lassen für den neuen Tropfen Lebendigkeit.

Wozu überhaupt »Meditation«?

... Wir können uns nur nach etwas sehnen, was wir schon einmal erfahren haben. Die Sehnsucht nach dem Paradies existiert, weil es in uns lebt als Kraft des All-Eins-Seins. Die Suche des Menschen nach sich selbst ist der einzige Weg, dieses Paradies wiederzufinden ...

Solange es Menschen auf der Erde gibt, existiert auch der Drang nach »Meditation«, die Suche nach der Wirklichkeit, das Sehnen nach Einheit.

Wer herausfinden will, was »Meditation« ist, wird herausfinden, was »Mensch-Sein« ist.

Naheliegend ist, mit letzterem zu beginnen:

- Wer bin ich wirklich?
- Was bedeutet »Mensch-Sein« hier auf diesem Pünktchen im Universum, das wir Erde nennen?
- Was ist Leben, was ist Tod?
- Wo war ich vor meiner Geburt?
- Was ist Gesundheit, was ist Krankheit?
- Wie geschieht Heilung, Er-Lösung?
- Was ist meine wirkliche (Auf)Gabe?
- Wie kann ich lieben?
- Woher komme ich, wohin gehe ich?

All diese Wesens-Fragen durchdringen seit Menschengedenken alle Menschen, einerlei, welcher Kultur sie angehören oder in welcher Zeit sie leben.

Daraus sind immer wieder »Annäherungsversuche« und Erklärungsmodelle hervorgegangen, aus denen sich Mythen, Legenden, magische Praktiken, Religionen formierten und all die unzähligen Lehren der Wissenschaft, wie Physik, Medizin, Anthropologie und Psychologie, wobei es bis heute keiner gelungen ist, den Pfeil ins Schwarze zu schießen. Immer noch bleibt der Mensch als Fragender und Suchender neben all diesen Lehren zurück. Außerhalb des Tores zum erlösenden Paradies doktert er immer nur an einzelnen Teilen herum, ohne das Ganze zu erfassen.

Keine von all diesen Lehren gibt mir echte Antwort! Es sind tröstende Bilder wie auf einer Kinoleinwand, aber ich selbst komme im Film nicht vor!

Also muß ich raus aus diesem Kinosaal, mir selbst die Türe öffnen und den ersten Schritt in die wirkliche Welt hinein wagen, die da draußen auf mich wartet.

Diejenigen, die den Kinosaal verlassen, sind nicht die Mehrheit unter den Menschen. Die meisten bleiben aus Bequemlichkeit, aus Angst und Ignoranz weiter vor der Leinwand sitzen. Aber die wenigen, die sich ohne Erlaubnis erheben, ohne Führer den Weg zur Türe finden und ohne Wissen den ersten Schritt aus der Illusion riskieren, sind ermutigend für andere. Am »ansteckendsten« an ihnen wirkt ihr Ausstrahlen von Glück und Frieden, wenn sie neu-geboren im »Land der Wüste« auferstehen zu erwachten, ganzen Menschen: zu autarke, Wesen die nicht mehr wissen, wer sie sind, aber vollkommen *leben, sich ver-wirklichen!* Denn es ist wirklich eine Wüste, ein leeres, ungewohntes Land, vollkommen still, das sie jenseits des Kinos empfängt und sie mehr und mehr in ihre Stille aufnimmt, bis von dem Suchenden nichts mehr übrigbleibt. Solch ein wirklicher Mensch-Sein-Erwachter wirkt wie ein Licht in einem dunklen Raum. Ein kleines Kerzlein genügt, um einen finsteren Raum zu erleuchten. Ein wacher Mensch genügt, um einen Riß in die Leinwand des Kinofilms zu bewirken. Darin liegt unsere natürliche Macht, die nichts bekämpft, sich von nichts trennt durch Bewerten von richtig-falsch, sondern als Licht die Welten zusammenschmilzt. Das Herz der Wüste brennt grenzenlos in dieser Macht – wie Liebesfeuer, das eint. Es holt den ganzen Kinosaal hinein in dieses Feuer. Die Illusion (der Film) und das Wüstenherz schmelzen zusammen wie Milch und Honig. Es gibt nichts darüber zu sagen, Honigmilch ist zum Schmecken da! Hmmmm! »Sapiencia« ist portugiesisch und heißt »Weisheit«, es beinhaltet »sapere«, was »schmecken« bedeutet. Ich muß ins echte Leben reinbeißen lernen, um es selbst schmecken zu können. Solange ich in Worte, Begriffe, Definitionen, in all das angesammelte Wissen hineinbeiße, werde ich ent-täuscht und hungrig, ewig Suchender statt Glücklich-Findender bleiben, denn die Zähne kauen einen Fetzen Filmleinwand! So wie wir als Säugling jenseits von Wissen, nach der Brust der Mutter greifen, sie aus innerstem Instinkt finden, im Ur-Ver-Trauen, daß sie da ist, und das in diesem AugenBlick einzig Wesentliche leben – den Geschmack der Muttermilch –, so schlummert in uns allen ein innewohnender Instinkt, eine GeWißheit, ein kosmisch mitgegebenes Reiz-Leitungs-Kraftwerk, das uns leitet, Meditation direkt zu schmecken und zu erkennen, daß wir **nur** Mensch sind – wesentlich im »Jetzt«. Es ist dieser Instinkt, mit dem die innewohnende Natur des Menschen sich ein Ventil schafft, um ab und zu in unserem gewohnten Kinosaal-Leben ein kleines Erdbeben zu initiieren, einen Blitz einschlagen läßt mit der heilenden Absicht, das Un-Wirkliche zu erschüttern.

20

Dies sind Momente in unserem Gewohnten, wo unsere Natur uns zu sich zurückholen will. Das Brüllen der Schöpfung nach ihrem Ebenbild. Momente, wo das Magma des Menschen Feuer speit!

Das Magma des Menschen

... So wie die Erde in ihrem Kern ein Magma besitzt, leuchtet im Innersten des Menschen ein Funken Wachheit. Dieses menschliche Magma ist aus dem gleichen Stoff gemacht wie die Schöpfung selbst. Die Qualität dieses Stoffes ist »Meditation«

Daher wird sich der Geist der Meditation immer wieder in unser Leben einschleichen, denn er ist in uns selbst. Er lebt in unserem Magma, wo er auf den Suchenden wartet, um ihn zu echtem Leben anzufeuern. Dieser feurige Geist hat normalerweise keinen Platz in unserem mechanisch und materialistisch ausgerichteten Leben. Wir vergessen ihn schon kurz nach dem Säuglingsalter, und in den wenigsten Erziehungsmodellen lernen wir, ihn zu trainieren, ihn zu gebrauchen. So schrumpft der Funke immer mehr in sich zusammen zu einem Häufchen Glut aber niemals kann diese Glut vollkommen erlöschen. Ihre Natur ist vulkanisch bevor sie endgültig erlischt, bricht sie aus!

Warum haben wir vergessen, daß wir einen Hauch echten Lebens in uns tragen? Warum sind wir nicht anwesend in unserer Mitte, im Mittelpunkt unseres Magmas?

Weil wir nicht präsent, an-wesend, sind? Weil wir in Gedanken verloren dahinleben, Gedanken, die sich mit Vergangenem oder Zukünftigem beschäftigen? Weil wir nicht im »Jetzt« sind? Das einzige Leben, das *wirklich* ist, ist jetzt. Es gibt nur eine Verbindung zu ihm – das *Da-Sein im Jetzt*. Ich muß mit Haut und Haaren in der Gegenwart an-wesend sein. Da-Sein ist Leben! Um die innere Glut des Magmas wieder zu einem wachen Feuer zu schüren, dessen Kraft für das Leben die Nabelschnur zur Wirklichkeit bildet, bedarf es einer nicht ganz leichten Arbeit, die ich völlig allein zu verrichten habe.

Diese Arbeit ist das Üben, im Jetzt an-wesend zu sein. Nicht Meditation zu lernen, die in uns als diese wache Glut der Magma vorhanden ist. Dies wird oft verwechselt. Es gibt keine Meditation = lebendiges Leben, das gelehrt oder gelernt wird.

Es gibt nur die *Übung*, wie ich mich durch Meditation mit der Wirklichkeit *verbinden* kann. Die Übung, das Original-Leben, das Ursprung-Leben, das sich mir jetzt mit-teilen möchte, aus erster Hand zu schmecken. Das Wahre wahr-nehmen! Um es »wahr-zu-geben«!

Nicht über die Quelle reden und philosophieren, sondern selbst von ihr zu trinken macht die Übung aus.

Der Verständigung halber nenne ich sie die *Übung der Wachheit, die Übung des An-Wesend-Seins – die Jetzt-Übung.*

Um diese Übung (soweit dies in Form eines Buches möglich ist) zu vertiefen, lade ich Sie ein zum »Gang in die Wüste«.

Der Gang in die Wüste

Es ist die Wüste, jenes Land der Stille, das den guten wie den schlechten Menschen entblößt zu dem, was er wirklich ist: zum Menschen! Seine Natur und Meditation ist ein und dasselbe.

Der Gang in die Wüste ist die *Einkehr in mich selbst.* Der, der forscht, bin ich, und das, wonach geforscht wird, bin auch ich. Der Gang in die Wüste ist die Einladung ins Unbekannte, in die eigene Wirklichkeit, in die Tiefe meines Magmas, in meine Mitte. Das absolute Zurückgeworfen-Sein auf mich selbst ist die »Medizin« dieses Landes. Nichts ist mehr da von all den gewohnten Beschäftigungen und Ablenkungen. Nicht einmal ein Lehrer erwartet mich wie in den alten Einweihungslegenden und sagt mir, was ich zu tun habe. Hier in der stillen Wüste ist alle KRAFT FÜR MICH SELBST DA. Jetzt kann ich anfangen, mich selbst zu ent-decken, zu ent-wickeln, zu ent-kernen. Und dies ist für den Übenden die wohl härteste Nuß, die es zu knacken gilt. Die Wüste fordert mich *ganz.* Sie braucht mich anwesend. Sie wirft mich ins Da-Sein. Sie ist das Angebot des »Jetzt«. Sie zentriert mich zum Übenden, der AugenBlick für AugenBlick das Feuer der Wachheit zu vermehren lernt. Ein Trost: Sobald ich die Wüste berühre, kontaktiere ich dabei mein inneres Magma, das Feuer meiner Mitte, meinen Wesens-Kern. Ähnlich der Magnetismuskraft des Erd-Magmas erfährt meine echte Anwesenheit, die nur im »Jetzt« möglich ist, die Anziehungskraft aus dem eigenen inneren Mittelpunkt. Mein

Magma zieht mich zu sich zurück. Religion im Sinne von »religio« (Rückbindung) geschieht – ohne Worte, ohne Dogmen, ohne Glaubensgrundsätze, dafür als grenzenlose Lebendigkeit, welche für jeden da ist!

Eingestimmt auf das stille Land der Wüste, ahne ich, daß es hier um Leben und Tod geht. Sterben muß all der Müll in mir, den ich mit zunehmender Übung als das erkenne, was er wirklich ist – meine persönliche Geschichte, die mich in ihren Klauen hält. Eingeschlossen wie in einem stickigen Museum mit toter Geschichte, vergangenem Leben, altem Moder, mit dem ich mich identifiziere und abrackere, um ihn aufrechtzuerhalten – all das verhindert meine »Lebendigkeit«. Die Wüste lehrt uns, das Feuer des innewohnenden Magmas zu gebrauchen. Dieses wache Feuer weist uns den Weg, das eigene Museum zu verbrennen, und offenbart die »Auferstehung von den Toten«, das eigentliche Leben.

Die ersten Übungstage (geübt wird zu Beginn 10 bis 14 Tage am Stück, was not-wendig ist, um die »MuseumsMauern« zu durchbrechen!) sind sicher die schwierigsten. Wir leiden wie in einer echten Wüste an Durst und Hunger nach unseren Gewohnheiten. Wir erleben unzählige Momente, wo wir nur davonlaufen wollen, wo der Übende in altem Selbst-Mitleid zusammenbricht. Der zähe Verstand behauptet sich hartnäckig, wiederholt ewig, was für ein UnSinn dies alles sei, und stellt sich frustriert dem Erwachen in den Weg. Gierig lockt er nach seinem alten Spielkumpan, der da plötzlich kneift und nicht mehr mitspielen möchte im Spielsaal der Worte, des gewohnten Begreifens und Einordnen-Wollens der Gedanken, verloren in Vergangenem und Zukünftigem. Aber jetzt sind wir in der Wüste, und damit haben wir das alte Spiel schon etwas durchlöchert.

24

Jetzt ist es die Wüste selbst, die mit uns ist und uns absolut dabei unterstützt, das zu finden, wonach wir suchen. Unser ganzes verschlafenes Leben hat sie darauf gewartet, daß wir zu ihr kommen – wie oft hat sie uns durch einen Funken des Magmas mit Wachheit angespien, um uns aus Gewohntem zu reißen, den Funken, den wir jedoch im hektischen AllTag nicht erkannt haben. Jetzt, wenn wir einfach nur weiter an-wesend bleiben, schenkt uns die Wüste alles.

Als erstes er-innert sie uns an zwei wunderbare Helfer, die jeder Mensch besitzt und welche schon immer mit der »Sprache der Wüste« verbunden waren: Der erste Helfer ist unser ATEM, der zweite unser KÖRPER mit seinem Zellbewußt-Sein.

Der Atem

... mit dem Verstand können wir nicht atmen.
Da der Atem wesentlich für unser Da-Sein ist, brauchen wir mehr als den Verstand, um wirklich leben zu können.

Wie soll es uns denn gelingen, mit dem »Jetzt« Kontakt aufzunehmen, wenn uns ständig der Verstand dirigiert und uns mit seinen Gedanken in die Welt der Vergangenheit und der Zukunft treibt? Wie kommen wir aus diesem Kreislauf heraus?

Genau da hilft uns der Atem!

Der Atem lebt im Jetzt – dies ist sein Zuhause. Hier

interessieren uns nicht der Begriff Atem und irgendwelche wissenswerte Dinge, sei es wissenschaftlich oder spirituell eruiert – nein, in der Wüsten-Übung geht es um den direkten Kontakt mit der Kraft, die jenseits der Bezeichnung »Atem« wirkt und mich berührt. Dazu muß jemand an-wesend sein, *der den Atem empfängt* und *spürt, wahr-nimmt,* wie er Atemzug für Atemzug *ist.* Es ist dieses unmittelbare Spüren des Atems, das mich einläßt in seine Welt, in seine Wirklichkeit, die Leben be-wirkt. Um den Atem spüren zu können, muß ich da sein, wo *er* fließt. Er fließt jetzt, und nur jetzt! Ich kann ihn niemals in Vergangenem oder Zukünftigem wahrnehmen. Und – er fließt in mir, hier in meinen Zellen. Der Atem hilft mir auf geniale Weise, ins »Hier und Jetzt« zu kommen. Hier bedeutet: in meinen Körper – und jetzt meint: in diesen AugenBlick! Ich kann den Atem spüren, wie er durch meine Nase ein- und ausströmt, spüren, wie er meine Lungen füllt und leert, spüren, wie er meine Bauchdecke hebt und senkt, spüren, wie er in all meinen Zellen fließt, wie er alles in mir an das anschließt, was Leben gibt und nimmt. Ich kann spüren, wie der Atem alles in mir auf das *Eine* vereint, auf das Wesentliche zentriert. Denn ohne Atem gibt es kein Leben!

Im wachen Üben vertieft sich die Wirkung des Atems. Und ich spüre tatsächlich durch ihn das Verbunden-Sein mit dem Leben(-digen). Ich empfange durch ihn mein Leben aus erster Hand – ohne die Einmischung einer wissenschaftlichen Autorität. Beim EinAtmen fließt Leben in mich ein, beim Ausatmen strömt es wieder aus. Immer neu fließt dieses atmende Leben in mir. Dies geschieht so lebendig, daß es mir unmöglich ist, irgendwo stehenzubleiben, nachzudenken über dieses fließende Leben oder gar nach ihm zu greifen, es zu be-greifen! Ich merke jetzt, daß ich es mit dem Verstand nicht erfassen kann, er ist nicht der berechtigte Empfänger! Vielmehr unterbricht er bei jeder Einmischung den wahrnehmenden Kontakt wie ein Freizeichen in der Telefonleitung, das Sender und Empfänger entzweit. Langsam dämmert uns in der Wüste die Wichtigkeit des Atems. Ohne Atem gibt es kein Leben auf der Erde! Ist es nicht verwunderlich, daß wir jenseits der Wüste, im lauten hektischen Leben, nie für den Atem da waren, nie Zeit für ihn hatten, ihn nie bewußt empfangen und weitergeben lernten? In unserer ganzen High-Tech-Welt mit ihrer abstrakten Erziehung spielt er keine Rolle, obwohl wir wissen (!), daß es ohne ihn kein Leben gibt! Haben wir den Atem mit Geld verwechselt und glauben, ohne Geld nicht leben zu können?

Über seine Verbindung zum Leben-digen offenbart uns der Atem mit jedem Zug die wesentliche Ordnung, den Kosmos, die Gesetze, gemäß deren sich Leben formiert und fließt. Darin entdecken wir jetzt selbst, was diese Ordnung verletzt und mißachtet und was sie respektiert und im Einklang mit ihr ist. Jetzt lernen wir, zu erkennen, wodurch Chaos, Verwirrung, Leid, Ignoranz, Krankheit, UnFriede und die gesamte Struktur eines ego-zentrischen Da-Seins entsteht, aber genausogut entdecken wir, was eine »kosmisch-zentrierte« Lebensweise bewirkt, wie sich Klarheit, Glück, Weisheit, Gesundheit und Friede manifestieren.

Die Offenbarung des Atems

1. Das Gleich-Gewicht von Ein und Aus-Atem

Der Ein-Atem ist genauso wichtig wie der Aus-Atem. Das Empfangen von Leben ist gleich-wichtig wie das Ausströmen von Leben. Keine dieser beiden Bewegungen kann als besser oder schlechter bewertet werden. Obwohl sie einander polar sind, ist kein Vergleichen, kein Bewerten, kein Bekämpfen möglich, dafür existiert reine Harmonie, ein absolut natürlicher Rhythmus, der uns im Tempo des Ego-Zentrischen verlorengeht. Im Atem teilt das Leben mit, daß weder Gut noch Böse als Komponenten existieren, mit denen wir gewöhnlich die Welt aufspalten – und damit auch uns selbst entzweien. Es gibt nur zwei Bewegungen. Kräfte wie Plus und Minus, die, wenn sie verbunden werden, Strom erzeugen. Dieser Strom fließt sowohl im Ein-Atem als auch im Aus-Atem als einende Kraft, als ein Leben.

2. Das wirkliche Leben-dige ist fließende Kraft

Im Atem sind wir mit dem Leben vernabelt (!), das uns unfaßbar durchströmt wie ein natürlich fließender Fluß. Immer neu strömt Leben in uns ein und aus uns heraus.

Übung:

Spüren Sie selbst: Setzen Sie sich für 15 Minuten aufrecht auf einen Stuhl, ohne sich anzulehnen. Konzentrieren Sie sich auf Ihren Brustraum, und spüren Sie jetzt *nur* die Bewegung Ihres Atems, wie er Ihren Brustraum mit Leben füllt und er sich wieder entleert. Wichtig ist, daß Sie sich dabei nicht einmischen, nicht den Ein-Atem tief einsaugen oder den Aus-Atem ausstoßen. Nein, dies wäre manipulierter, un-wirklicher Atem und nicht der Atem, wie er wirklich ist, wenn wir ihn sein lassen, wie er ist. Sie tun also gar nichts dazu. Sie bleiben nur *spürend* in Ihrem Brustraum an-wesend. Der echte Atem ist nur echt, wenn er empfangen wird: als Ein-Atem und als Aus-Atem. Es kann sein, daß Sie ihn zunächst kaum spüren, wie er wirklich ist, und ihn immer wieder verlieren, weil sich Gedanken oder anderes einmischen. Das macht nichts. Kommen Sie einfach wieder zum Atem zurück, und üben Sie weiter, zentriert mit ihm verbunden zu bleiben, Atemzug für Atemzug. Mit vertieftem Üben werden Sie feinfühliger und tiefgründiger wahrnehmen lernen und erkennen, was der Atem für den Menschen wirklich ist, womit er uns verbindet, womit er uns eint. Sie empfangen diese »Ein-Weihung« des Atems immer aus erster Hand, Sie brauchen dabei an nichts zu glauben (und damit auch zu zweifeln), denn die Übung weist auf das Spüren hin, und in diesem Spüren schmelzen Sie mit der Energie des Atems zusammen. Sie sind drinnen im Atem, und der Atem ist drinnen in Ihnen. Beide Pole sind auf-gehoben zu einer Kraft, die sich im Ganzen er-gänzt. Jetzt berührt Sie die Energie Ihres fließenden Lebens, und dies ist es: nur dieses Berührt-Sein, be-lebt im Jetzt.

Der Atem offenbart auf genial einfache Weise, daß unser Leben nur *jetzt* lebt – dies ist, wo Leben *wirklich* stattfindet und wir Wirklichkeit wahrnehmen können. Der Atem holt uns alle runter vom hohen Roß unserer Ein-Bildungen und läßt uns spüren, wie abhängig wir von ihm sind. Ohne Atem existiert kein Da-Sein, kein Leben!

3. Fülle und Leere

Übung:

Bleiben Sie weiter mit Ihrem Atem im Brustraum verbunden. Spüren Sie jetzt noch feiner den gesamten Atem-Kreislauf:

Spüren Sie, wie der Ein-Atem Sie mit Leben füllt, mit einer Kraft, die Sie zuvor noch nie berührt hat, die Sie füllt und füllt bis zu einem Moment der absoluten Fülle, einer Er-Füllung, in der Sie prall gefüllt sind mit Leben. Spüren Sie, wie der Atem für einen Moment ganz stillsteht in seinem Gipfel der Fülle, und spüren Sie, wie der Atem aus dieser Atem-Stille *von sich aus umkippt* in das Aus-Atmen, in dem sich seine Fülle verströmt und Ihr Brustraum wieder ganz leer wird. Spüren Sie auch jetzt, im Gipfel der absoluten Leere, wie der Atem für einen AugenBlick auch hier stillsteht und Stille Sie berührt. Und spüren Sie, wie daraufhin der Atem wieder ganz *aus sich selbst umkippt* in ein absolut neues Ein-Atmen, das Sie neu mit Leben-digem inspiriert.

Üben Sie dies einfach mal täglich 10 bis 15 Minuten. Es ist eine so wertvolle Übung, die alles in Ihnen verwandeln kann. Üben Sie dies ohne Erwartung. Achten Sie auf das Eingeschmolzen-Sein im Atem, wo es weder Sie noch den Atem gibt, aber die Hoch-Zeit im Jetzt!

Auch Fülle und Leere zeigen ihr Wesen im Atem: Weder Fülle noch Leere ist begehrenswerter als das jeweils andere. Weder Fülle noch Leere sind statische Kräfte, nach denen wir greifen können. Ebensowenig können wir sie festhalten oder wegschieben. Das Empfangen der Lebens-Fülle im Ein-Atem kann ich nicht anhalten, sonst würde ich ersticken! Das Auflösen des Empfangenen im Aus-Atem kann ich nicht daran hindern, daß es mich in die Leere zwingt, die not-wendig ist, um eine neue Fülle zu erzeugen. Einem kosmischen Pulsschlag gehorchend, dirigiert da eine Kraft mein Leben, der ich vollkommen ausgeliefert bin. Nur in der Hingabe an den Atem entdecken wir den Schatz, den die Schöpfung uns für unsere Erdenreise mitgegeben hat – eine kosmische Nabelschnur, die sofort nach Durchtrennen der embryonalen aktiv wird und uns stets er-innert und spüren läßt, wo unser eigentliches Zuhause ist. Der Atem, eine kosmische Muttermilch? Er ist nährende Kraft, die jeder nur selber schmecken kann.

Wer den Atem wieder wahrnehmen lernt, löst in sich das Gefühl von Einsamkeit, Getrennt-Sein und berührt das »All-Eins-Sein«. Das direkte Ent-Decken, was Fülle und Leere wirklich sind, hilft uns, uns grenzenlos in den Wirrungen, Wünschen und Ängsten unseres gewohnten ego-zentrischen Lebens zurechtzufinden. Beim Atem fällt es uns leichter, seine zwei Bewegungen relativ neutral, ohne Bewertung, zuzulassen als sonst in unserem All-Tag, wo wir Fülle und Leere, Geben und Nehmen recht ungleich verwirklichen. Kollektiv folgen wir fast immer der gleichen Spur: Wir stauen das Empfangene, häufen an und sind ängstlich im Mit-Teilen, im Leerwerden. Wir verabscheuen Leere, vor allem wenn sie unser Bankkonto betrifft. In dieser Haltung werden wir immer ängstlich oder gierig bleiben, aber nie ge-lassen, wie es der Atem tut. Wir werden nie zulassen, daß Leben geschieht, mein Leben! Hier liegt der Schlüssel für all unsere Angst und Versklavung unter Fremdautoritäten, die im Abschluß einer Lebensversicherung gipfelt. In dieser Einstellung zum Leben verhalten wir uns wider die Natur des Lebens, wider die Schöpfung, außerhalb des Schöpferischen und können somit nicht echt kreativ sein = Leben verwirklichen. Das wirklich schöpferische Leben offenbart uns in seinem Fließ-Prinzip als einzige Sicherheit die Un-Sicherheit.

Mit dem Atem lernen wir, wach zu werden und die »Tricks« der gewohnten Welt zu durchbrechen. Mit dem Atem können wir uns dem sicher-unsicherem Lebensfluß anvertrauen und in dieser »Trauung« uns trauen, wirklich zu leben: den leeren Acker zu akzeptieren als Not-Wendigkeit (der die Not wendet!) für das Aufnehmen eines neuen Saat-Guts.

Wenn diese Weisheit, daß Leere, und nur Leere, eine neue Fülle hervorbringen kann, uns mit Haut und Haaren getroffen hat, wie großartig könnte dann ein echtes Teilen unter den Menschen stattfinden, in der Welt des einzelnen bis hin zu den Bewegungen der Länder! Dieser Traum kann sich nur verwirklichen, wenn der einzelne bei sich beginnt, herauszufinden, was Leben wirklich ist = was Mensch-Sein wirklich ist.

Der Atem-Kreislauf

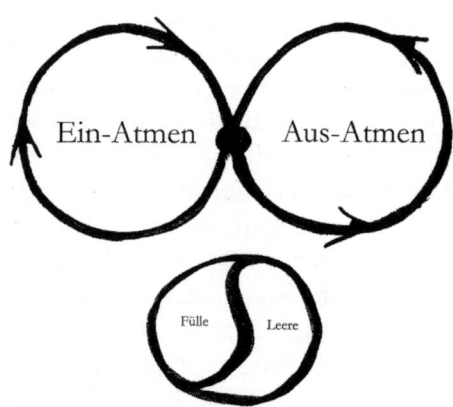

Der Schnittpunkt symbolisiert die Atemstille, die Einheit von Fülle und Leere.

Der Atem-Kreislauf, die liegende 8, das Unendlichkeitszeichen, ist in der Dreidimensionalität die Bewegung der Spirale als Träger von Lebens-Energie.

Der Schnittpunkt von Ein-Atem und Aus-Atem ist der Moment der Atem-Stille – einmal als Gipfel absoluter Fülle (als höchster Punkt des Ein-Atems) und einmal als Gipfel absoluter Leere (als tiefster Punkt des Aus-Atems), hier auf-gehoben als Gegensätze ! Sie sind niemals loslösbar aus der Ganzheit des Atems!

4.Los-Lassen – Lösung – Er-Lösung – Heilung

Die weise (lebens-weisende) Kraft des Atems offenbart mit jedem Atemzug neu, wie Los-Lassen, die Änderung im Leben geschieht! Ein echtes Los-Lassen, eine Lösung, die wirklich er-löst, kann nicht geplant oder gemacht werden. Das wäre reine Vorstellung oder manipuliert – ich doktere an etwas herum, aber es ist kein Feuer da, um es zu lös(ch)en!

Hier berühren wir eine ganz zentrale Frage: *Was heilt wirklich?* Der Atem zeigt in seinem *Fluß*, wie Los-Lassen *geschieht!* Das Auf-Lösen dessen, was zuvor im Ein-Atem empfangen wurde, geschieht wie von allein.

Es braucht dazu überhaupt nicht mein Ein-Greifen! Ja, sobald ich mich da einmische, unterbreche ich den natürlichen Fluß, staue ihn eher, als daß ich ihn los-lasse, fließen lasse. Das einzige, was gebraucht wird, ist meine hellwache Präsenz im Atem selbst, mein Betroffen-Sein von dieser Kraft, die mich füllt und leert – mein Im-Fluß-Sein.

Ich muß mit Haut und Haaren einfach einmal erfahren, wie etwas in einem Moment auftaucht, wie z.B. ein schmerzendes Knie, und im nächsten Moment verschwindet. Dafür ist der »Gang in die Wüste« wichtig, die zentrierte Einkehr zu mir selbst, das Schüren meines wachen Feuers, wo sich das Leben ohne Lehre offenbart. Alles, was in meinem Leben auftaucht, muß auch wieder verschwinden! Das, was er-scheint, hat nur Lebenszeit für einen AugenBlick. Für das gewohnte »Ich« erscheint es von großer Dauer; für das Wache in uns verglimmt es sofort, geht unter in dahinfließender Wirklichkeit. Der Schein provoziert ein verwickeltes Nicht-Echt-Da-Sein, das Wirkliche schenkt ein gelassenes Da-Sein.

Los-Lassen gelingt also nur, wenn ich an diesen fließenden Lebensstrom angeschlossen bin, den ich im Jetzt, und nur im Jetzt, finde.

Nehmen wir diese Weisheit hinein in unser All-Tags-Geschehen:

Jemand schenkt mir ein Lächeln. Aahh, das tut gut, es er-füllt mich ganz und fließt weiter, bis ich wieder leer bin. Ich kann es nicht festhalten. Es hat mich berührt, so wie es war. Das war seine Wirklichkeit, seine Wirkung – nicht mehr und nicht weniger. Nun gibt es da aber oft ein Problem: Jemand in mir möchte dieses wunderbare Lächeln festhalten, es soll bleiben, es tut so gut, ich will mehr davon, ich will es wieder und wieder! Wir sehen, da hat sich jemand dazwischengeschaltet, der direkte Fluß ist umgeleitet worden. Durchgesiebt im Filter der Bewertung kann er nicht mehr seinem lebendigen Strom folgen, sondern staut sich an einem manipulierenden »Ich«, das nun statt Wirklichkeit Illusion erfährt. Jede Art von Stau übt Druck aus, be-drükkt, tut weh, kränkt, ent-täuscht – dabei spielt keine Rolle, was es war, das gestaut wurde, wesentlich ist allein die Tatsache, daß gestaut wird, daß der natürliche Fluß des Lebens unterbrochen wird. Denn wäre es nicht ein Lächeln, sondern ein verachtender Blick oder gar ein böses Wort, das ich in einem AugenBlick empfange, was geschieht denn dann ? Das möchte dieses »Ich« in mir doch sicher sofort abweisen und wegschieben. Es wird sich mit aller Kraft wehren, diesen »Auu-Moment« überhaupt anzunehmen, und wird dabei, leid-er, erfahren, daß er durch die Geste der Abwehr nicht verschwindet, vielmehr bleibt, eher schlimmer wird, noch mehr verletzt und schließlich sogar dazu verleitet, beleidigt oder selbst verletzend zurückzuschlagen.

Was ist da passiert ?

Ich habe das, was *wirklich* war (einen AugenBlick, der weh tat und der im nächsten AugenBlick im Fließ-Prinzip des Lebens aufgelöst worden wäre) nicht erlebt, sondern mein »Ich« dazwischengeschaltet mit seiner Schwarz-Weiß-Malerei von Gut und Böse und bin in dieser Illusion steckengeblieben. Indem dieses »Ich« oder »Ego« den Fluß des Lebendigen durch Mögen und Nicht-Mögen aufteilt, pickt es immer die Rosinen heraus und kommt nie in den Genuß des Ganzen — die Lösung! Wir sehen, diese tief verwurzelte Neigung zur Selektion (das mag ich/das mag ich nicht) macht das einfach dahinfließende Leben zu einem so komplizierten. Sie verwickelt, anstatt zu ent-wickeln! Durch diese Selektion vergeudet sich all unsere Kraft — wir sind erschöpft statt schöpferisch. Die schlichte Atem-Übung zeigt uns, daß das Leben AugenBlick für AugenBlick von uns akzeptiert werden will, einerlei, welches »Menü« der AugenBlick gerade serviert. Wenn wir lernen, das Leben so zu lassen, wie es uns gerade berührt — nur für diesen AugenBlick — , dann entdecken wir auch, wie

un-wesentlich das ist, was auftaucht, und wie wesentlich es ist, daß es weiterfließt, daß alles im Fluß ist!

Es ist wichtig, daß wir Er-Lösung erfahren. Dies geschieht immer, wenn kein »Ich« da ist, um das Leben zu
manipulieren. »Sind Sie flüssig?« fragen wir, wenn wir
wissen möchten, ob jemand Geld zur Verfügung hat.
»Sind Sie flüssig?« in der Übung des Atems ist ein Hinweis meines innewohnenden Magmas, die Kraft der
Wachheit, die mich an-feuert, den Atem ganz zu spüren.
Ich muß akzeptieren, daß mein Leben und ich selbst ein
Fließendes-Wesen sind, eine Wirklichkeit, über die
nichts gesagt werden kann, weil sie von sich aus wirkt
und zu einer Ge-Lassenheit inspiriert, die souverän das
Leben meistert. AugenBlick für AugenBlick, jetzt!

5. Die Schöpfung wiederholt nicht

Der Atem offenbart uns, wie einzigartig jeder einzelne
Atemzug ist. Es gibt keinen einzigen, der schon einmal
da war, und keinen, der noch einmal wiederkommen
wird. Die Chance, zu leben, habe ich nur im Jetzt! Verpasse ich den Atemzug, verpasse ich mein Leben! Und:
es gibt keinerlei GeWissheit, daß es einen nächsten
Atemzug geben wird. Ver-wirklichen wir diese Weisheit
und rühren sie als essentielle ZuTat in das tägliche
Gericht unseres Lebens ein, wirkt sie wie eine Prise
Salz: alles schmeckt dadurch erst wirklich! Und immer
wieder neu!

6. Die Harmonie des Atems

Harmonie heißt übersetzt »VerBindung«. Der Atem ver-bindet uns, wie wir alle in der Übung erfahren, mit der Kraft, die Leben spendet und zu der alles Leben zurückströmt. Wie eine unsichtbare Nabelschnur ernährt sie uns mit dem Leben-digen, mit der Schöpfung selbst und befähigt uns zur Teilhabe an dieser Schöpfung. Spüren wir dies in der Atem-Übung, die im »Gang der Wüste« für einige Tage praktiziert wird, so verwandelt sich das abstrakte Wort »Harmonie« zu echtem Leben. Wie sich das anfühlt und welch wunder-bare Welt sich da jedem offenbart, erfährt jeder, der anstatt ins Kino in die Wüste geht – der statt Illusion Wirklichkeit wählt. Darin liegt keine BeWertung, jeder kann nach Herzenslust ins Kino gehen (in Illusion schwelgen). Nur: wer in der Wüste war und »verbrannt« wurde, kann sich selbst das Licht geben, das zu unterscheiden vermag, wo er ist: im Kino oder im wirklichen Leben! Dies ist das Ent-Scheidende!

Körper-Bewußt-Sein

... das Leben meditiert immer!
Als Mensch empfange ich es, wenn ich das
»Programm der Wachheit« einzuschalten
lerne. Wenn ich lerne, in jeder Körper-Zel-
le anwesend zu sein.

Der zweite Helfer, den wir in der »Wüste« wiederfin-
den, ist unser Körper – die Kraft, die hinter dem Wort
»Körper« *wirkt.*

Als Ge-Schöpf »Mensch« haben wir für unseren Gast-
aufenthalt auf der Erde eine perfekte »Boden-Station«
mitbekommen, unseren Körper. Auch hier interessiert
uns nicht, was wir alles über den Körper wissen und
gelernt haben. Das einzige, was uns in der »Übung der
Wüste« interessiert, ist, im Körper drinnen zu sein, wirklich in dem »Haus« anwesend zu sein, das uns die Schöpfung »vermietet« hat; und aus erster Hand wieder wahrnehmen zu lernen, wie lebendig das Leben in diesem
Haus ein und aus geht. Mit dem identisch zu sein, was
mein Leben *wirklich ist!* Tatsache ist, daß alle Funktio-
nen des Körpers angeschlossen sind an das »Jetzt«.
Ein sich in der Vergangenheit befindender Körper wäre
verwest, ein in der Zukunft verweilender reine Illusion.
Der wirklich lebendige Körper existiert in der Gegenwart, im Jetzt!
- Dieser Herzschlag schlägt jetzt,
- dieses strömende Blut strömt jetzt,
- diese Schlagader pocht jetzt,
- diese Lunge atmet jetzt,
- dieses Auge sieht jetzt,

- dieses Ohr hört jetzt,
- diese Nase riecht jetzt,
- dieser Magen knurrt jetzt ...

Wir sehen, von Natur aus ist der gesamte Körper im Jetzt zu Hause, jede einzelne seiner Zellen ist in direktem Kontakt mit dem Leben, mit der Schöpfung. Lernen wir nun, wieder *wach* in ihm zu sein, gewinnen wir wieder unsere direkte Verbindung zum Leben (zum Leben, welches meditiert) und damit Verbindung und Einheit mit Meditation, dem energetischen »Stoff« des Lebendigen. – Und wir finden unsere eigene Wirklichkeit!

Wenn Geist und Körper zusammenschmelzen:

Sind wir nicht im Körper, dann sind wir nirgendwo.
Sind wir im Körper, sind wir über-all!

Der »Gang in die Wüste« offenbart uns einen Weg, wie wir ohne fremde Hilfe in unserem Körper anwesend sein können – eine Übung, die wir in allem, im AllTag, praktizieren können.

So, wie wir in der Atem-Übung all unsere spürende Aufmerksamkeit in den Atem gelegt haben, lenken wir sie jetzt in unseren Körper. Stück für Stück erobern wir nun unser »eigenes Land« zurück: von der Zehenspitze bis zur Kopfspitze. Mit unserem Fünkchen Wachheit, das wir alle noch in unserem innewohnenden Magma übrig haben, können wir beginnen, das zentrierte Da-Sein an einem Ort des Körpers zu üben. Legen Sie das Buch zur Seite und spüren Sie selbst.

Übung:

Beginnen Sie, für 15 Minuten in Ihrer Brustmitte zu sein. Wichtig dabei ist, daß Sie diese Körperstelle *spüren*. Es geht hier nicht um eine anatomische Vorstellung, wo alles polar bleiben würde: Zum Einen Sie, die sich etwas vorstellen und zum Anderen, da die Mitte Ihrer Brust. Hier geht es um die Fähigkeit des Zusammenschmelzens: aus Zwei wird Eins!

Sie können sich zur Erleichterung des Spüren-Könnens erst einmal ruhig Ihre Fingerkuppen an diese Körperstelle legen. Er-Leben Sie, spüren Sie *nur* diese Berührung. Spüren Sie sie mit jedem AugenBlick *neu*, sie ist mit jedem AugenBlick neu, lebendig. Es ist das Spüren, das eigene Spüren, das Ihnen Einlaß gewährt in diese Körperstelle. Es mag sicher zu Beginn recht taub sein. Bleiben Sie, ohne etwas zu erwarten oder zu suchen, einfach nur spürend an dieser Stelle. Wenn Sie für mehrere AugenBlicke an dieser Stelle anwesend sind, vertieft sich Ihre spürende Wahrnehmung – und Sie erleben selbst, was Vertiefung an dieser Stelle *be-wirkt*.

Das Üben des zentrierten Spürens ist gleichzeitig ein Anwachsen Ihrer Wachheit, das Feuer Ihres Magmas dehnt sich aus. Sie können deutlicher, klarer und äußerst sensibel wahrnehmen lernen.

So simpel diese Übung klingt, so schwierig wird sie uns am Anfang erscheinen. Denn es gelingt uns noch lange nicht, unseren wachen Geist zentriert zu halten (wir beginnen ja nur mit einer schwachen Glut, die als Wachheit in unserem Magma glimmt) und ihn wie einen Laserstrahl in die betreffende Körperstelle eindringen zu lassen. Die Gedanken werden sich mit aufdringlicher Zähheit einmischen und Sie immer wieder aus Ihrer Brustmitte fortreißen und woanders hinlocken. Lassen Sie dies so, wie es ist, denn es ist ja nur *ein* AugenBlick in Ihrer Übung (wenn Sie wach üben!), in dem Ihr Gedanke auftaucht. Nehmen Sie nur wahr, wenn der Gedanke *beginnt* aufzutauchen, und erleben Sie aus erster Hand, was dann mit ihm geschieht. Wenn er Sie *wach* antrifft, hat er dann noch Macht über Sie? Wenn Ihre Wachheit sich durch das Üben vermehrt und energetisch wie ein Feuer wirkt, was erwartet dann einen Gedanken, der ins Feuer fällt? Auch wenn Sie für mehrere AugenBlicke in Ihrer Übung abdriften in Dinge, die auftauchen, es wird immer den Moment geben, wo Sie es bemerken, daß Sie nicht mehr wach da sind. Ist dies nicht schon ein Wink gewesen aus der Glut des Magmas? Welche Kraft korrigiert da in uns selbst? Ist dies nicht schon Wachheit? Üben Sie, alles, was hier in Ihrer Brustmitte lebendig wird, nur wahrzunehmen, so wie es im AugenBlick des ErScheinens ist – bleiben Sie nie daran kleben, beschäftigen Sie sich nicht damit, mischen Sie sich in nichts ein ... bleiben Sie nur *wach*! Das wache Spüren Ihrer Brustmitte läßt Sie immer wieder neu in Ihren Körper hinein. Die ausgerichtete Wachheit und die betreffende Körperstelle schmelzen zusammen und offenbaren Ihnen etwas völlig Neues, über dessen Realität es nichts zu sagen gibt – sie wirkt ganzheitlich, wo die Worte aufgehoben sind . Und: Nur Sie selbst können es spüren! Die von Natur aus integrierte Weisheit des Körpers kann nun bewußt, wach erfahren werden und schließt uns selbst wieder an die Weisheit des Lebendigen-Lebens an, die grenzenlos (= un-definierbar – »finis« = das Ende!) und fließend ist. Und: Der Weise *schweigt*!

Üben Sie das wache AnWesend-Sein auch an anderen Stellen Ihres Körpers: an der Stirnmitte, an der höchsten Stelle des Kopfes, an der obersten und der untersten Stelle der Wirbelsäule, in der ganzen Wirbelsäule, am

Nabel, am Sonnengeflecht, in Ihren Händen, Knien, Füßen etc.

Im »Gang in die Wüste« dehnen wir das wache Wahrnehmen von den einzelnen Körperstellen auf ganze Körper-Räume aus, den ganzen Kopf, den ganzen Hals, den ganzen Brust-, Bauch-, Becken-Raum, Arme und Hände, Beine und Füße. Dabei fällt immer auf, daß es Bereiche gibt, in die wir leichter hineinspüren und hineinkommen können, und andere, die sich zunächst taub anfühlen. Dies ist ganz natürlich. Auch dazu wollen wir nicht nach Erklärungen suchen oder in Muster abgleiten, welche bestimmten Körperstellen Inhalte oder Werte zuordnen.

Sprach-los lassen wir es, wie es ist (für diesen einen AugenBlick), und bleiben übend. Das eigene wache Da-Sein wirkt wie wärmende Energie auf einen Eisklotz. Lassen wir diese Energie zentriert darauf wirken, taut der Eisklotz Stück für Stück auf. Aus eingefrorenem Leben wird taufrisch Lebendiges! Das Wertvollste dabei ist, daß wir ganz in unsere Kraft zurückgeworfen werden und es fällt uns wie Schuppen von den Augen und wir erkennen, daß nur wir selbst uns an die heilende Kraft anschließen können. Im »Land der Wüste« wird uns dies mehr und mehr ein-leuchten! Und »Sonne« zum Auftauen gibt es in der »Wüste« genug!

Je tiefer wir in die einzelnen Körper-Räume eintauchen können, desto mehr dehnt sich die Glut des Magmas zu einem großen, stets anschwellenden wachen Feuer aus, das den ganzen Körper durchdringt. Jetzt erfahren wir, wie es sich anfühlt, in dem Stückchen »Erde«, das wir »Körper« nennen, hellwach zu sein. Wer bin ich, wenn alles in mir brennt? Wenn ich meinen Körper erleuchte? Wenn ich direkt wahrnehme, daß jede einzelne Zelle Be-wußt-Sein ist und alle Zellen sich bündeln und

42

zusammenschmelzen zu einem stets sich mehrenden Be-Wußt-Sein? Wie fühlt es sich an, wenn wir mit all unseren Zellen verbunden sind im wirklichen Da-Sein, aufgehoben in der Quelle des Lebens?

Stopp! Mehr darüber zu sagen wäre schon wieder second-hand !

Sie können es für sich selber üben, von den einzelnen Körperstellen zu den einzelnen Körper-Räumen. Damit es aber zu einer echten, tiefen Erkenntnis kommt, die gleichzeitig Wandlung ist, muß diese Übung zu Beginn 10 bis 14 Tage regelmäßig geübt werden, am besten in einem kleinen Kreis von Übenden. (siehe Kap. »Monte do Silencio«)

Es bedarf dieses konzentrierten »Feuerschürens«, solch ein »Wüsten-Besuch« ist notwendig, um den Bann des Gewohnten zu zerbrechen und Freiheit dem Un-Gewohnten geschenkt werden kann ...dieses Un-Gewohnte, dieses GeHeimnis, wo das Leben-dige daheim ist!

In solch intensiven Wüstentagen wird sich jedem Übenden einige Male ein Schleier lüften. In solch einem AugenBlick berührt uns die Kraft, die wandelt und uns inspiriert weiterzuüben, die uns erkennen läßt, daß echtes Leben die Bereitschaft unseres wachen Übens braucht, ein Gefühl von Nach-Hause-Kommen ... Mehr darf ich nicht verraten ... nur soviel: Suchender und Ge-Suchtes finden einander! Und: Wir sind an-wesend in der besten Universität, die es für uns alle bedingungslos gibt: im eigenen Universum!

Die Offenbarungen der Wüste

Je mehr ich mein »Ich« aufgebe, um so näher komme ich mir.

»Ganzheitliches Be-wußt-Sein«! Wie oft hören wir in letzter Zeit dieses Wort, wie leicht läuft es über die Zunge, wie mühsam jedoch seine »Wirklichkeit« hautnah, in Fleisch und Blut zu er-leben!

Sind wir mit unserer Wachheit in all unseren Körperzellen anwesend, dann können wir ganz und wach, also ganzheitlich-bewußt-da-sein. Unsere Wachheit, die sich durch das zentrierte Üben in den Wüstentagen vertieft, läßt uns den AugenBlick, so er-leben, wie er ist. Der AugenBlick wirkt jetzt in all unseren Zellen. Dadurch wird unser Leben sehr intensiv und lebendig! Im gewohnten Leben sind wir meist halb-herzig bei der Sache. Meistens sind wir in Gedanken verloren, fern von unserem Zell-Be-Wußt-Sein, außerhalb von uns, nicht-wirklich. Wir leben lauwarm: das Leben schmeckt modrig in seinen scheinbar sich wiederholenden toten Abläufen.

Die wesentlichen Ent-Deckungen in unserer Wüstenreise sind für jeden »Reisenden« revolutionär. Sie werfen alles Gewohnte und meist Erlernte über den Haufen und öffnen dafür ein tatsächlich neues Leben, ein echtes Leben. Jetzt ist es möglich, aus erster Hand zu erfahren, wer ich wirklich bin.

Der »Lehrer« oder »Unterrichts-Stoff« ist das, was die Schöpfung mir AugenBlick für AugenBlick mit-teilt, der »Klassen-Raum« sind meine wachen Zellen, die im jetzt leben, und dadurch an die Schöpfung angeschlossen sind.

Die Er-Lösung der persönlichen GeSchichte

.... in dem Moment, wo es kein »Ich« mehr gibt, zerstäubt auch das »Andere« – das Tor ins »All-Eins-Sein« öffnet sich.

Das Wache-im-Körper-Sein ähnelt zunächst dem Lesen eines Computerprogramms. Jetzt erfahren wir direkt, wie wir programmiert sind. Wenn wir nun wach in unseren Zellen sind, können wir ganz schnell entdecken, daß es zwei Programme gibt: eines, das sich stets wiederholt, mir meine ganze persönliche Geschichte, meine Ängste, Gefühle, Erinnerungen, meist in Form von Gedanken (mit dem immer gleichen Inhalt), serviert. – Alles, wovon ich glaubte, das sei ich, womit ich mich all die Jahre identifiziert habe, alles, was ich verzweifelt versucht habe, am Leben zu erhalten, festzuhalten. Lassen Sie es uns das Programm unseres »Ego« nennen.

Das andere Programm ist die »Ein-Gebung« der Schöpfung selbst. Ein »schöpferisches Menü«, das mir stets unbekannt ist, ohne Vergangenes und Zukünftiges, die Gegenwart des Leben-digen-Lebens. Wir wollen es das »Kosmische Programm« nennen, oder das »Original«.

Wir üben nun, **nur** das, was gerade in diesem **einen** AugenBlick spürbar in unseren wachen Körperzellen **da ist**, wahrzunehmen. – Das Schwierigste dabei ist, es zu lassen, wie es ist. Nur dies! Wenn also ein Gedanke auftaucht, oder ein Bild, oder eine Erinnerung, oder ein Geräusch, oder ein Gefühl, oder ein Schmerz, oder einfach nur Stille – ich empfange es wach, wirklich. Und wenn mich »Wirkliches« berührt, hat es mich verwandelt, be-lebt, ans Lebendige angeschlossen. Darin liegt das Geheimnis, über das ich nichts sagen kann, da es sich nur dem Übenden öffnet.

Wachheit und Egozentrik

... No Ego, No Cry ...

In der »Wüsten-Sprache« heißt die Basis-Arbeit »Aus-Misten« und »Auf-Räumen«. Um mit der meditativen Kraft des Lebens in Kontakt zu sein, muß das, was im Wege steht, aufgeräumt werden –, d.h. seinen rechten Platz bekommen. Das bedeutet, daß wir in aller Klarheit unter-scheiden lernen, was mein gewohntes Ich, mein »Ego« ist und was mein »Original«, meine Wirklichkeit in den Augen der Schöpfung ist. Wer bin ich ohne »Ich«?

Die Dynamik des »Ego«

Immer wieder versucht der Mensch, das Leben in einen Käfig einzusperren, wo er es domestizieren kann. Leid-er beachtet er dabei nicht, daß er sich selbst in den Käfig sperrt – und sein Leben verliert.

Alles, was die Welt an Leid, Un-Frieden, Unterdrükkung und Ignoranz spiegelt – ist dies die materialisierte Kraft unserer kollektiven Ego-Zentrik?

Und alles, was sie an Liebe, Teilen, Füreinanderdasein, Schönheit und Wundern offenbart – ist dies materialisierte Wachheit, schöpferische Meditation?

46

Ist dies das Licht des Magmas?

Wir alle wissen, welche der beiden Waagschalen überladen ist. Wir alle wissen, die Ver-Wirklichung einer friedvollen Welt beginnt in uns. Der Besucher der »Wüste« ent-scheidet sich vom Wissen zum Tun, für das Üben der Wachheit.

Wenn wir nun mit höchstem Spür-Sinn unser eigenes Land, uns selbst, mit Hilfe der wachen An-Wesenheit erforschen, er-leben wir unseren eigenen Kriegsschauplatz. Die Gegner haben viele Gesichter und Namen, sind mächtig wie unbarmherzige Tyrannen und halten uns als Sklaven. Solange wir dies mit den Augen des »Ego« sehen, stellen wir diese Tyrannen als Verursacher all unserer Probleme und Mißgeschicke dar, wir geben ihnen die Gesichter unserer Eltern, unserer Partner, unserer Kinder, unserer Vorgesetzten, unserer Regierung. Lernen wir nun, mit unseren *wachen* Augen zu sehen, dann erkennen wir, daß alles, was uns geschieht, unsere eigene Kreation ist. Es gibt keinen Schuldigen – nur jemanden, der tief schläft und das Leben-dige ignoriert: unser Ego. Unser »normales« Mensch-Sein entpuppt sich in der Übung der Wachheit zu dem, was es wirklich ist: ein Konglomerat aus übergestülpten Ein-Bildungen, mit denen wir uns unbewußt identifiziert haben. Es ist das Sozialisierte in uns, geprägt durch Normen aus Familie, Gesellschaft, Kultur. – Es ist alles, was andere sagen, was wir sind und wie wir sind, was wir können und nicht können, was wir sein dürfen und nicht sein dürfen, das Verletzte in uns, das Ungeliebte und Geliebte, das Definierte (= Begrenzte), all unsere Vorstellungen, Sicherheiten und Un-Sicherheiten, das Ängstliche, das Feige, das Brutale, das Verwöhnte, das Gierige, all unsere Vorstellungen und Ziele, Wünsche, Hierarchien, Trennungen, alles, was nie

Ruhe gibt, was ständig quasselt, bewertet, verurteilt, erwartet, vergleicht, sich einmischt, mehr will oder weniger will, sich die Rosinen auspickt, manipuliert, größer oder kleiner macht, nie zu-Frieden ist mit dem, was gerade ist.

Der Spielreichtum des Ego ist mannigfaltig. Auf subtile Weise hält es uns außer Atem (!), besetzt uns mit etwas, was schon einmal war oder passieren könnte. Solange nicht jemand wach sein Haus hütet (im Körper bewußt Leben AugenBlick für AugenBlick neu empfängt), kann das Ego unbehindert in sein Haus einbrechen und sich ausbreiten. Wenn wir genau das Gegenteil tun, nämlich in unserem Haus anwesend sind, erkennen wir, wie unser Ego uns unser Leben raubt. Uns den Geschmack des Echten verwehrt. Uns wie ein besetztes Telefon die Verbindung zur Quelle des Leben-digen verwehrt.

Von klein auf haben wir erfahren, wie wichtig es sei, ein »besonderer Mensch« zu sein, ich muß intelligent, fleißig, gehorsam, schön, erfolgreich ... sein, und vor allem, ich muß ein »guter Mensch« sein!

Warum genügt nicht einfach *nur* »Mensch-Sein«? So wie alles in der Natur der Schöpfung *nur* Feuer, *nur* Wasser, *nur* Erde, *nur* Wind, *nur* Baum, *nur* Grashalm, *nur* Fisch, *nur* Mond, *nur* Sonne ist? Warum geben wir Heranwachsenden immer wieder die gleichen ignoranten Antworten von Gott und dem Himmel, wenn sie wach nach ihrem Ursprung, nach Leben und Tod, nach ihrem Lebenssinn fragen? Warum unterstützen wir sie nicht dabei, dies selbst herauszufinden, und hören auf, ihnen Vorstellungen überzustülpen, die jenseits von Wachheit traditionell weitergebacken werden und ihnen den eigenen Zugang zum Leben verstellen?

Wir können aus diesen alten Rezepten nur ausbrechen, wenn wir uns selbst aufmachen, uns aus erster Hand zu erforschen: wer bin ich **wirklich**? Was bleibt von mir noch übrig, wenn dieses Ego für einen AugenBlick schweigt? Existiere ich da überhaupt noch? – Kommen wir wieder zur Übung:

Sind wir wach in unserem Körper an-wesend, so haben wir die Chance, unser Ego *wach* zu empfangen. Dies sit, was alles in ein neues Licht rückt, was ausmistet und aufräumt, was instinktiv erkennt wqas schein und was wirklichkeit ist. Machen wir es konkret: Das Wache ist das, was wirklich ist: Z.B. ein AugenBlick in unserer Übung ist das Auftauchen einer alten, unangenehmen Erinnerung. In diesem Moment kann sich ein Gefühl von Schuld in mir ausbreiten. Gewöhnlich (im Nicht-Wachen-Zustand) überflutet mich dieses unangenehme Gefühl so stark, daß es eine Reihe von Gedanken auslöst, andere Erinnerungen, Erfahrungen, Personen. Ein Riesentheater beginnt nun in mir, inszeniert von meinem Ego, das mich förmlich besetzt. Der Vorhang wird sich nie richtig schließen, ich komme aus der Vorstellung (!) nicht heraus ... das vor vielen AugenBlicken aufgetauchte Gefühl von Schuld löst sich nicht.

Im wachen Zustand jedoch kann ich selbst das Theater verlassen, da ich diese Erinnerung so wahrnehme, wie sie wirklich ist: nur existent für *einen* AugenBlick! Die Realität dieses AugenBlicks ist, daß ich mich schuldig fühle. Nur dies! Jetzt re-agiere ich nicht wie im Ego-Programm auf die auslösende Kette, sondern bleibe weiter *wach*, angeschlossen an das Jetzt, womit ich die Regie dem Leben übergebe und das »kosmische Programm« einschalte. Jetzt offenbart das schöpferische Leben, wie es weitergeht, nicht mehr mein Ego. Ob Wirklichkeit oder Theater geschieht, hängt allein davon ab, ob ich da bin oder nicht da bin. Ob ich wach bin oder ego-zentrisch.

Bleibe ich beschäftigt mit irgend etwas, was in meiner Übung auftaucht, so geschieht das gleiche wie mit der Wolke und dem Himmel: Die aufgetauchte Erinnerung, ein kleiner Splitter meiner Geschichte, bläht sich auf zu einer Wolke, die immer größer wird und mich vergessen läßt, daß mein Leben in Wirklichkeit so umfassend ist wie der ganze Himmel! So wenig GeWicht (Wichtigkeit) die Wolke für den unantastbaren Himmel hat, ihn nie berühren, verändern, verletzen kann – so bedeutungslos sind alle Schattierungen, alle Schichten, unserer persönlichen Ge-Schichte. In den Übungstagen der Wüste schärft sich unsere Wahrnehmung – wir lernen zu erkennen, wann wir »Wolke« (Ego) und wann wir »Himmel« (Original – Mensch) sind. Dies ist das Ent-Scheidende!

In der Übung der Wachheit entdecken wir die Nichtigkeit, die Vergänglichkeit, die Zerrinnbarkeit und darin die Auf-Lösung von allem, was mich aus der Welt der Er-Scheinungen besucht, was mir mein Ego zuspielt. Es sind alles Splitter, Mosaiksteinchen aus dem Mandala meiner persönlichen GeSchichte. Vieles, was in alten Mottenkisten im Dachspeicher gelagert oder in finsteren Kellerräumen verstaut war. Wo jetzt mein waches Licht hinfällt, kann dieses geschichtete Gerümpel befreit werden – nicht therapeutisch, nicht psychologisch, nicht religiös, nicht esoterisch – nein, schlicht und einfach durch den Hausputz der **eigenen** Wachheit.

Es ist ähnlich wie beim Atmen: Das, was beim EinAtmen auftaucht, zerrinnt wieder beim AusAtmen. Das Wache in uns identifiziert sich mit nichts, vor allem nicht mit etwas, was schon zerronnen ist, nicht mehr existiert und im fließenden Leben-digen vergangen ist. Das Wache in uns ist wie ein Licht, das Schicht für Schicht in unser Zell-Bewußt-Sein eindringt. Alles an un-gelöster GeSchichte, was von diesem Licht beleuchtet wird (was in der Übung der Wüste geschieht), fällt in dieses Licht wie ein Scheit Holz ins Feuer. Wir sprechen ja auch vom »Feuer der Wachheit« oder, mit meinen Worten, der brennenden Glut des »Magmas«. Was ins Feuer fällt, verbrennt, löst sich auf und verwandelt sich in ein Anwachsen von Wärme, von Energie. Das Feuer, die Wachheit, das Magma wächst, Bewußt-Sein nimmt zu! Achten wir hier ganz besonders auf diesen »springenden« Punkt: Es geht hier um Selbst-Erlösung, um Lösung, um Heilung. Das wache Wahrnehmen zeigt uns, wie Altes, das wir nie echt gelöst haben, sich wie GeWicht in unsere Zellen eingenistet hat, diese Zellen besetzt hält und sie somit nicht mehr im Dienst des Lebens stehen, sondern verkaufte Sklaven im Reich des Ego sind. (Erinnert uns dies nicht an Krebs-Zellen?) Bleiben wir angeschlossen an unser Feuer der Wachheit, kann sich alles, was wir an ungelöster GeSchichte in uns tragen – auch Krebs, physischer Schmerz, Krankes – auflösen. *Alles, was wir nicht wirklich sind, ist lösbar.* Auf diese Weise löschen sich unsere Ego-Programme, das Theater der persönlichen Geschichte ist aus. Unsere Zellen werden frei, leer – das, was sie von Natur aus sind: hochsensible Sensoren, eingestimmt auf das schöpferische Programm des Lebens. Die Wüste macht uns wach wie Feuerflammen. Wenn wir »brennen« hat das Ego keine Chance mehr, Zellen zu besetzen, zu kränken, krank zu machen. Es wird, wenn es unser Körper-Haus besuchen möchte, bereits beim Klingeln an der Haustür erkannt als das, was es wirklich ist, als Illusion. Ein eingebildetes Wölkchen, das glaubt, der Himmel zu sein. Ob dieser Besucher, nachdem er erkannt wurde, noch klingeln kann?

Was heilt wirklich?

Kümmere(!) dich nicht um das Kranke, stärke dein Gesundes!

Psychologie – Therapie – Wachheit

Alles, was sich in der wachen Selbst-Erforschung AugenBlick für AugenBlick aus unserem sozialisierten Leben offenbart, erweist sich bei wacher Beleuchtung als Energiemuster des Ego. Es sind ErInnerungen an schöne und unschöne Erfahrungen, alte Verletzungen, die immer noch nicht verziehen sind, unerfüllte Wünsche, Gefühle von Neid, Haß, Gier, Minderwertigkeit, alle Arten von Angst, UnStimmigkeiten mit der Familie, dem Partner, am Arbeitsplatz, Zweifel bezüglich der Berufswahl, Schatten wie Eifersucht, Mißtrauen, Größenwahn, Unzufriedenheit ... und immer wieder, das Gefühl, nicht verstanden und geliebt zu sein.

In den herkömmlichen Therapieformen werden nun all diese psychologischen Ich-Erfahrungen sehr ernst genommen und stehen im Rampenlicht der Untersuchung. Der wesentliche Moment jedoch, die Lösung, die Er-Lösung aus der Sklaverei dieser Ego-Monster, gelingt kaum. Es kann so lange nicht gelingen, solange wir in der Dualität Patient-Therapeut bleiben und solange wir auf dem gleichen Spielfeld mitspielen, auf dem sich Psychologie und Therapie bewegen – auf dem Spielfeld des Ego!

Psychologie existiert nur, solange es ein Ego gibt, eine Beschäftigung mit meiner persönlichen Geschichte, die Beschäftigung mit Vergangenheit oder Zukünftigem, die Beschäftigung mit Illusion! Dies ist wie im gewohnten gehetzten Leben, geschäftiges Beschäftigtsein, Besetzt-Sein anstatt Klären, Aufräumen, Lösen, Da-Sein fürs Leben! Wir bleiben in den langjährigen, aufwendigen Psychotherapien immer in der Welt des Ego gebunden, und da die Natur dieses Ego gefräßige Unzufriedenheit ist, wird es nie zu Frieden kommen. Vielmehr freut es sich, daß es so wichtig genommen wird und im Mittelpunkt stehen darf ... und wird wünschen, daß dies nie aufhört. Und als I-Tüppchen: es selbst braucht sich nicht zu ändern, schuldig sind immer die anderen! Es ist der verzweifelte Versuch, ein Zimmer von alten Möbelstücken zu befreien: in psychologischer Manier räumen wir die Möbel nur von einem Eck ins andere, aber der Raum bleibt weiter voll. Es fehlt das Feuer, das sie verbrennt!

In meiner eigenen Praxis habe ich immer wieder erlebt, wie enttäuscht die Menschen reagierten, wenn ich überhaupt nicht auf ihre Leiden eingegangen bin, sondern ihnen den »Gang in die Wüste« angeboten habe, den therapielosen Weg der Selbst-Erlösung, die Übung der Wachheit, mit der wir das Gesunde – unsere Magma – stärken lernen, um für alle Situationen des Lebens stets ein Feuer parat zu haben, was verbrennen= lösen=löschen kann.

Alle Art von Psychologie und Therapie platzt wie eine Seifenblase beim wachen Durchschauen der Welt des Ego. Aus der zentrierten Stille der Wüste, dem Blick ins Wesentliche, gewinnen wir die EinSicht, wer wir wirklich sind. Sind wir dieses Ego? Ist im **Jetzt** Platz für vergangenes oder zukünfiges? Platz für das Museum der gelebten persönlichen Geschichte? Platz für das Kartenhaus,von »Was-Sein-Könnte«? Die Wichtigkeit verlagert sich im Wüstenland auf etwas anderes: **Wenn ich nicht im Jetzt, in diesem AugenBlick da bin, existiere ich dann überhaupt?**

Also üben wir, im Jetzt an-wesend zu sein. Wir kleben nicht am Kranken oder Gekränkten, sondern stärken die Kraft in uns, deren Natur im Jetzt lebt. Dies gelingt, wenn wir das Bündnis, das Verbunden-Sein mit dem in uns wohnenden Magma, zu halten lernen. Dort treffen wir die Schöpfung selbst – und nicht das Ego –, so daß sich unser Leben gemäß der schöpferischen, heilen Ordnung fügt, und alles in »Ordnung ist«!

Die Erkenntnis, ob ich Gefangener des Ego oder das Ego-lose bin, wirft alles um und ist eine solch wesentliche EntDeckung, wenn sie aus der wachen Wahr-Nehmung meiner selbst entspringt. War mein ganzes Leben bisher nur Illusion ? War es wirklich ? Ist dies der zentrale Erleuchtungspunkt, von dem in Meditationskreisen so viel gesprochen oder spekuliert wird? Wir alle wissen, wie wenig es geholfen hat, wenn wir von außen, von anderen, aber auch mental, vom eigenen Verstand, erfahren haben, daß wir auf die oder jene Weise egozentrisch sind und dies bitte ändern mögen. Wie oft habe ich es mir vorgenommen – aber ist es mir gelungen?

Wird mir jedoch in einem wachen AugenBlick von Kopf bis Fuß bewußt wie sehr mein Ego in meinem normalen Leben Regie führt und wie ich – und alle anderen – im Grunde darunter leide und erkenne ich, daß ich fast nur in Gedanken lebe und endlich verstehe, was diese Gedanken wirklich sind (ohne daß mir dies von einer außenstehenden Autorität erklärt wird), dann gleicht solch eine EinSicht einem einschlagenden Blitz! Vom Blitz getroffen, kann ich nie wieder ins Alte ganz zurückfallen – es wird ab jetzt immer ein Funken wach sein, der mir »Achtung Ego« zuruft, bevor mich dieses Ego mit Haut und Haaren frißt. Die alles in mir wandelnde Offenbarung über die Realität meines Ego kann nur in mir wach werden, wenn ich lerne, mich auf Wachheit einzustimmen, und das *reine* Wahr-Nehmen übe, das unverfälschte Empfangen der Schöpfung selbst. AugenBlick für AugenBlick.

Die »Jetzt-Übung« hat nicht das Ziel, das Ego völlig auszumerzen. Nein, es gibt in dieser Übung überhaupt kein Ziel, nichts muß erreicht, nichts muß geleistet werden. **Die Übung dient nur dem Wahr-Nehmen, was wirklich ist!**

Wir lernen zu unterscheiden, ob ein AugenBlick uns direkt aus der Schöpfung, dem unbekannten Jetzt, berührt oder ob es ein AugenBlick ist, in dem sich das Ego einschaltet. Ist es das reine lebendige Leben oder das durch ein Ego gefilterte, manipulierte, gekünstelte? Je mehr ich dies in meinem AllTag zu unterscheiden vermag, um so mehr werde ich Glücklich-Sein und Im-Frieden-Sein er-leben. Wo sich ein wacher Geist befindet, zerplatzt das Ego, und damit alles, was zu seiner Welt gehört, wie eine Seifenblase, in die ein Finger sticht. Blobb, weiter nichts. Das Ego darf, sooft es mag, wiederkommen, dies wird tausendmal in unserem Leben passieren, aber es kann uns jetzt nicht mehr so ignorant versklaven ... blobb ... es kann unsere Kraft nicht mehr so leicht zu einem kleinen Wölkchen am Himmel reduzieren ... blobb ... denn jetzt haben wir selbst den Schlüssel zur Hand (das Handwerkszeug!), der uns in den Himmel einläßt, in die Wirklichkeit, die wir sind.

Der Durchbruch in die »Natur« des Menschen

Das Magma des Menschen wirkt wie das Magma der Erde: anziehend und magnetisch.

Fällt der Mensch in sein Feuer hinein, so hebt sich die Schwerkraft des Irdischen auf, und alles macht Platz für die kosmische Anziehung. Dieser »Verbrennungs-Tod« geschieht vor dem physischen, er gewährt die Auferstehung des »Echten Menschen«.

In dem AugenBlick, wo das Ego weicht, ab-wesend ist, ist das Echte, das Wirkliche, die *Natur* des Menschen, an-wesend – eine Kraft, die jenseits von allem Gewohnten *wirkt*, die sich in keinen Rahmen, in kein System, in nichts fassen läßt, was einen Verstand braucht, um sie zu er-fassen. Sobald ein Verstand nach ihr greift, verschwindet sie wie ein Tropfen Wasser im Feuer. Der Verstand ist immer an ein Ich gebunden, das verstehen will.

Sind jedoch alle meine Körperzellen in der Übung der Wachheit an das »Jetzt« angeschlossen, dann schließe ich mich an die Quelle des Lebendigen an. Die Schöpfung selbst sprudelt in mich hinein, da ist kein Platz mehr übrig für ein Verstehen-Wollen, alles Getrennt-Sein ist aufgehoben im Feuer des brennenden Magmas. Die Essenz der Heilung ergreift mich, da jeder Tropfen Schöpfung heil und ganz ohne Mangel ist. Der Ausschnitt im Mandala »Mensch-Sein«, der vor der Existenz eines »Ichs« verlassen wurde, um irdischer-Mensch zu sein, er-gänzt alles und gebiert den »Ganzen Menschen«.

Die Geburt des wirklichen »Mensch-Seins«

Das Wahre ist da!
Es gebiert sich durch den Tod des Ego.
Diese zweite Geburt geschieht, wenn ich die
»Wehen« auf mich nehme und mir selbst Heb-
amme und Gebärende bin. Was ans Licht
kommt, ist der »Wahre Mensch«,
GeSchöpf der Schöpfung. Diese zweite Geburt
gelingt, wenn die persönliche Geschichte ge-
sättigt ist und mein Ego platzt wie eine reife
Fruchtblase.

So wie die Erde »Mutter« (mater, materia) ist und stets gebiert, muß auch der auf der Erde wandelnde Mensch stets gebären, materialisieren, verwirklichen. Seine wichtigste »Geburt« ist die Geburt seiner selbst.

Die »Medizin« der Übungstage in der Wüste kristallisiert heraus, daß wir als Mensch, obwohl schon einmal ins Irdische hineingeboren, uns noch einmal selbst gebären müssen. Was uns zu dieser Selbst-Geburt geschwängert hat, ist unsere eigene Geschichte, unsere Sozialisation in Familie und Gesellschaft, alles, womit wir uns identifizieren, unser Beruf, die Rolle, die wir spielen, die Position, die wir einnehmen, all unsere Wunden und Verknotungen, unsere Vergangenheit ebenso wie alle Pläne und Vorstellungen der Zukunft. Diese Geburt wird fast immer durch wehenfördernde Mittel eingeleitet wie Krankheiten, tiefe Verletzungen, extreme Not-Situationen, tiefe Verlust-Erlebnisse, die Berührung mit Tod, Unfälle und andere Katastrophen. Es sind alles Krisen, die erst einmal weh tun. »Wehen« sind!

Krise

Krisis (griech.) heißt übersetzt Ent-Scheidung.
Eine Krise hat die Kraft, mit Haut und Haar zuzupacken, den Boden unter den Füßen wegzuziehen (ein Moment, wo die irdische Anziehungskraft versagt – und daher das Ruder übergibt an die Anziehung des Magmas im Menschen selbst?). Eine Krise wirkt erweckend. Als absolut wache Kraft wird sie aus dem wachen Feuer des inneren Magmas ausgespien, einzig da, um uns aufzuwecken aus toter Gewohnheit. Bedient sich die eigentliche Natur des Menschen der Krise, um den Menschen wieder zu sich zurückzuholen?

Was tun wir gewöhnlich im Fall einer Krise?

Weisen wir sie nicht ängstlich zurück und übergeben sie anderen in die Hände, um sie zu lösen? Bei Krankheit laufen wir zum Arzt oder Heilpraktiker, bei seelischer Not zum Psychologen, bei Verletzung und Illegalität zur Polizei und Justiz, beim Sterben zum Priester. Ständig versuchen wir der Krise auszuweichen, versuchen verzweifelt, die anderen uns gebären lassen, und erkennen nicht den eigentlichen Wert der Krise: den Ruf des Magmas und ihr Angebot einer freien Welt, einer Welt ohne Ego-Zentrik.

Im »Gang in die Wüste« laufen wir nun den Krisen, die vielfältig auftauchen werden, nicht mehr davon. Jetzt üben wir, uns ihnen zu stellen. Wir bieten ihnen unsere Wachheit an und arbeiten daher mit der stärksten Kraft zusammen, die uns zur Verfügung steht, unserem Magma-Kraft, die eins ist mit der Kraft der Schöpfung selbst.

Heilung – LosLassen – ErLösung

Damit Heilung, die Essenz der Meditation, wirken kann, braucht es den »leeren« Menschen, der nichts über Heilung weiß, aber dafür, wie eine leere Schale den Saft der Heilung aufnehmen kann, und diese Kostbarkeit (!) selbst schmeckt.
Jegliche Einmischung einer dazwischengeschalteten Autorität verhindert das eigene Schmecken und vermischt den reinen Heiltrunk zu etwas Lauwarmem.

Was heilt wirklich? Was löst wirklich? Was ist echtes Los-Lassen? Die Wachheits-Übung, die wir im Gang-in-die-Wüste trainieren, hat als Fokus das Feuer der Wachheit nie ausgehen zu lassen. Das heißt, sich nicht im Feuer-löschenden Ego aufzuhalten, sondern durch ein zentriertes Da-Sein in unseren Körperzellen immer wieder die Wachheit zu schärfen, über die wir verbunden sind mit dem schöpferischen »Jetzt«.

Was passiert, wenn wir bei den Spielen unseres Ego nicht mehr mitspielen? Was geschieht, wenn wir z.B. einen AugenBlick erfahren, der uns ganz deutlich verletzt? Normalerweise, im nichtwachen Zustand, reagieren wir auf solch eine Verletzung mit Beleidigt-Sein oder schlagen selbst verletzend zurück, was meist eine Kette von weiteren Verletzungen zündet– und schwups sind wir mitten drin im Showdown der Egos – und all dies ist dann Thema der nächsten Therapiestunde !

Wie kommen wir aus solchen Spielen selbständig heraus? Wie lösen wir solch eine Situation *sofort?* Jetzt?

Nun, indem wir die Wirklichkeit dieses Geschehens des schmerzhaften AugenBlicks mit ganz wachen Sinnen aufnehmen. Ich spüre diesen Schmerz – aber, nur für diesen einen AugenBlick. Dann erfahre ich, wenn ich weiter *wach* bin, daß mir das Leben ein völlig neues »Jetzt« schenkt, in dem keine Erinnerung an Vorheriges das Neue trübt. Das Leben bietet mir sofort (!) einen **Neu-Beginn** an und läßt mich nicht im Alten, in der Verletzung, stecken. Bin ich empfangsbereit für diesen NeuBeginn, so be-wirkt er die Lösung, das »weiter-Fließen«.

Den Kontakt zum Neuen-Jetzt kann ich nur herstellen, wenn ich wach bin, gegenwärtig, präsent – und das bin ich, wenn Vergangenes (die Verletzung) und Zukünftiges (mein wiederum verletzendes Re-Agieren) mich nicht beherrschen. Der wache Geist ist absolut frei, er braucht auf nichts zu reagieren. Seine Natur ist Kreativität, schöpferisch, ein Ebenbild der Schöpfung. Dieser wache Geist braucht keine Zeit, um irgendwann zu verzeihen, er handelt sofort – und da er Träger des »Himmels« ist, ist sein Angebot des NeuBeginns immer himmlisch, und nicht be-wölkt, wie unser Ego, das Träger der Wolke ist. Im wachen Geist wohnt der Spirit der Liebe. Und Liebe ist die Kraft, die vereint: der Showdown er-löst sich, weil Liebe die Gegner zusammenschmilzt zu einer Kraft. Das Ego hat keinerlei Verbindung zu dieser wachen Welt, in der Liebe, Einig-Sein, Eins-Sein, regiert – daher kann es niemals lieben und dadurch niemals etwas er-lösen oder loslassen. Es beißt sich vielmehr fest ins Selbst-Mitleid und merkt gar nicht, daß es im selben Käfig gefangen ist wie der Verletzende. Der wache Geist empfängt nicht Selbst-Mitleid, er spürt die Not der Person, die verletzt hat, er ist im Mitgefühl mit dieser Person und erkennt, daß sie

Hilfe braucht (und nicht Rache). Gleichzeitig, wenn die verletzende Person nicht den Ping-Pong-Ball einer Re-Aktion erfährt, sei es ebenfalls Verletzung oder Beleidigt-Sein, wird auch sie in diesem Moment von Wachheit berührt, das Spiel ist aus, der Ball kommt nicht zurück, verblüfft erfährt sie Un-Gewohntes und: die verletzende Tat saust auf sie selbst zurück wie ein Bumerang – denn jetzt gab es niemand, der sich in den Wurf des Bumerangs einmischte. Ist dies Ge-Lassenheit? Lassen? Los-Lassen?

Sie können es nur selbst erfahren, in der Übung der Wachheit!

Unser gewohntes Leben bewegt sich stets auf zwei Gleisen: dem Gleis, das zum Vergangenen führt, und dem Gleis, das ins Zukünftige leitet. Unser Ego rutscht darauf hin und her, bis es mal ausrutscht und »aus der Bahn geworfen wird«. Kann ihm denn etwas Besseres passieren? Wer ist es wohl, der da schubst? Ist dies schon ein Wink aus dem Reich der Wachheit?

Im Gegenwärtigen sind wir wach, *präsent*, wie wir so treffend sagen. Was »Jetzt« ist, können wir vorher nicht wissen, nicht planen, nicht absichern. Um das »Jetzt« zu schmecken, bedürfen wir des Risikos! Es fordert immer diesen Sprung, mitten hinein ins UnBekannte! Und genau dies trifft auf die Natur unserer Wachheit zu. (Tat sie es nicht einst als äußerst gewagten Sprung ins Erden-Leben?) Und genau dadurch bleibt das Leben leben-dig!

Im Hier-und-Jetzt-Sein:

Die Welt der Meditation

Das »Jetzt« hat keine Zeit.
Das »Hier« hat keine Grenze.
Alles Werden beruhigt sich im (Da-)Sein.

»Im Hier-und Jetzt-Sein«, wie oft haben wir diesen abgedroschenen Satz schon gehört, und wie so oft bei den schlauen Worten ist er einfach an uns vorbeigerauscht, ohne uns wirklich berührt und geweckt zu haben. Wieviel Weisheit in diesem Satz steckt, entdecken wir nur in der Übung der Wachheit. (Nur der auf Wachheit-Eingestimmte spürt, wie das weise-nde Wort zu Fleisch wird!)

Das »Hier« ist unser Körper-Raum. Ich kann nur hier, in meinem Körper, anwesend sein, wo sonst? Das »Jetzt« ist dieser AugenBlick, nicht abstrakt, sondern einverleibt (!) in meinem Körper, all meine Zellen vollkommen durchdringend. Die Schöpfung, das Lebendige, existiert im Hier-und-Jetzt.

Will ich als Mensch, hier in meinem Körper, hier in meinem Fleckchen Erde, mit all meinem Spür-Sinn Kontakt mit dieser Schöpfung pflegen, wirklich an ihr teilhaben, so muß ich im Hier-und-Jetzt **sein**! Da-Sein! Dann besteht die Verbindung zur Welt der Meditation. Im »Gang in die Wüste« entdecken wir nun auch, was uns am Da-Sein, das Im-Hier-Und-Jetzt-Sein, hindert. Was ist es, das uns da immer wieder herausschmeißt?

Die Welt der Gedanken:

Wer in der Wüste übt, wird unglaublich an der Permanenz der Gedanken leiden. Wir üben nun aber, nicht die Gedanken abzuwehren, sondern wir erforschen und ent-decken nur ihre Charakteristik. Wir er-leben, wie nie zuvor, daß die Gedanken uns nie zur Ruhe kommen lassen, daß sie sich immer wiederholen. Sie können überhaupt nichts Neues kreieren, sie sind wiederkäuende Kühe, ihr Inhalt ist nicht mehr wert als ein brüllendes »Muuhh«. Wir bemerken, wie sie die so mühsam zentrierte Wachheit gierig auffressen, wie sie Kraft rauben, erschöpfen, krankmachen.

• Verhindern die Gedanken, daß wir Wachheit leben?
• Verhindern Gedanken, daß wir leben?
• Verhindern Gedanken, daß wir Meditation schmekken?

Gedanken gehören zur Welt des Ego. Es bedarf eines »Ichs«, das sie kreiert und wiederkäut. Wer in der Wüste Wachheit übt, wird er ent-decken, daß die Wüste in ihrer wachen Stille ohne Gedanken auskommt, um Leben mitzuteilen?

Existiert Vergangenes und Zukünftiges *wirklich* oder nur in der Welt der Gedanken? Wenn es keine Gedanken mehr gibt, die das Leben in Vergangenes und Zukünftiges zertrennen, gibt es dann nur noch die Gegenwart, das Jetzt? Zeit-loses?

Solange unsere Gedanken uns beherrschen, dominiert das Ego. Die Wachheit schläft und wird dabei immer schläfriger. Das Ego genießt eine ungehinderte Freiheit, und die vom Leben mitgegebene Wachheit verkümmert zu einem kleinen Häufchen Glut im Zentrum unseres Magmas. Bezeichnend ist in diesem Zusammenhang, daß die menschliche Thymusdrüse physisch ihren Platz im Körper hat, wo feinstofflich oder energetisch der Sitz des Magmas ist: hinter der Brustbeinmitte. Und, daß die Thymusdrüse zu Beginn der Pubertät verkümmert, zusammenschrumpft, vertrocknet. »Thymus« heißt übersetzt »Lebens-Energie«. Die Schulmedizin sieht diesen Verkümmerungsprozeß der Thymusdrüse als absolut normal an, aber ist dies sinnvoll? Brauchen wir das wichtige Organ der Lebens-Energie auf einmal nicht mehr? Was sagt aber die Wissenschaft, wenn eindeutig bewiesen ist, daß Menschen, welche die Übung der Wachheit schon vor der Pubertät praktizierten, ihre Thymusdrüse nicht verlieren, sondern sie in ihrer ganzen Kraft zur Verfügung haben und dadurch ein »Mehr« an Lebens-Energie besitzen?

Können die Gedanken im Körper wohnen? Oder befinden sie sich außerhalb von ihm?

Das Studium, was die Gedanken wirklich sind – was nur ein wacher Geist erforschen kann, der frei ist von herkömmlichem Wissen –, öffnet in den Wüsten-Übungen eine völlig neue Ein-Sicht ins Leben selbst. Wenn ein Gedanke beginnt aufzutauchen, üben wir, ihm einzig und allein unser Feuer der Wachheit entgegenzusetzen. Dann fällt der Gedanke ins Feuer – und verbrennt? Dies kann wieder nur der Übende selbst erfahren. Wenn wir bei Beginn des Gedankens wach sind, kann er sich dann überhaupt noch vollends entfalten, breitmachen und stören? Da die Wüste, das Land der unbegrenzten Stille, ein großes Arsenal an Elektrizität, Lebens-Strom, besitzt, schenkt sie uns in der Übung der Wachheit des öfteren einen Blitz, der den Baum-der-Erkenntnis spaltet. Er läßt uns für einen AugenBlick einen Gedankenfreien Moment kosten, der alles klärt – ohne Worte, ohne Gedanken, ohne Erklärungen – und in dem die wirkliche Wirklichkeit uns vollkommen durchstrahlt.

In diesem Moment ist niemand mehr übrig, der da noch nachdenken kann oder etwas zu erkennen versucht ... das Lebendige hat zugepackt und den Skeptiker, den Zweifler, den Wissenden, den Grübler, den EinGebildeten mit Haut und Haar verschlungen, da gibt es nichts, was außerhalb, daneben steht und kommentiert!

Das »Jetzt« braucht keinen Kommentar, um seine Realität zu erläutern. Es *wirkt*, so wie Strom wirkt, wie Energie wirkende Kraft ist, so wie ein Licht gezündet wird. Das »Jetzt« erleuchtet! AugenBlick für Augen-Blick ist es für den auf Wachheit Eingestimmten da, damit ihm ein »Licht aufgeht«! Mit jedem neuen Au-genBlick, in leerer Lehre, packt das Jetzt neu zu, frißt uns neu, verleibt sich uns neu ein in seine immer unbe-kannte lebendige Welt. **Hier schmelzen Mensch und Leben zusammen.**

Das ZusammenGeschmolzene hat keinen Namen, es strahlt Leben aus, so wie es gerade *ist*. Originalität, Kreativität, Meditation geschieht! Der Mensch ist in seiner *Mitte* und dadurch Mittelpunkt der Welt.

Lassen wir uns auf die simple Zeichnung ein.

Die verschiedenen Pünktchen auf dem Kreisum-fang sind all die vereinzelten Spielweisen und Inhalte der Person, die sich bemüht und abstreßt, möglich al-les, was der Kreisumfang anzubieten hat, auszupro-bieren. Die Bewegungsweise auf dem Kreisumfang ist sehr anstrengend, die Verbindungen zur Kreismitte sind linear, dem Muster der Gedanken folgend: Die Kreis-mitte wird vor-gestellt.

Was ist das für eine andere Welt, wenn sich die Per-son nun direkt in die Kreis-Mitte wagt! Dort hat sie Zugang zu jedem einzelnen Pünktchen des Kreisum-fangs – ohne sich zu bewegen. Die ruhende Kreismitte vereint alles in sich. Die Person ist auf-gehoben (zu

Hause) in allem, im All! Eingeschmolzen im Feuer des Magmas.

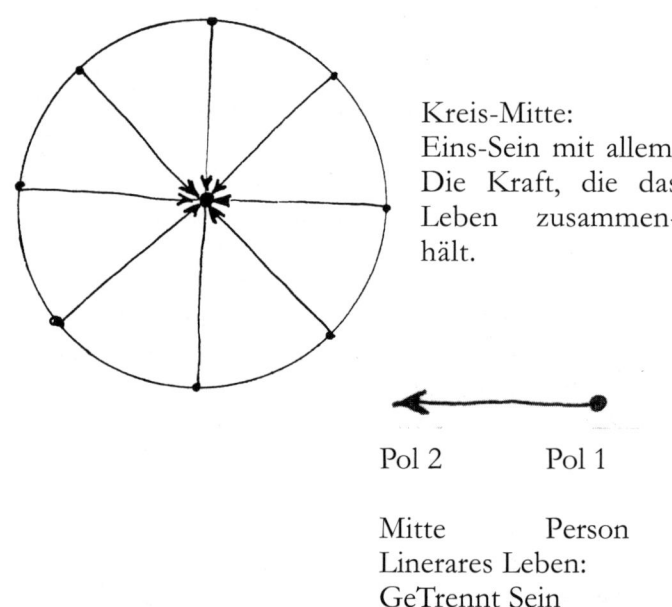

Kreis-Mitte:
Eins-Sein mit allem. Die Kraft, die das Leben zusammen-hält.

Pol 2   Pol 1

Mitte   Person
Linerares Leben:
GeTrennt Sein

Wandlung: Das Schmelzen der Pole

Im Feuer des Magmas schmilzt alles zur Quint-Essenz.

Das »Jetzt« läßt uns er-leben, wie Änderung sofort geschieht. Dies ist eine ganz wesentliche Erfahrung, die uns das Üben der Wachheit schenkt. Im Gewohnten, wo wir uns vornehmen, etwas zu ändern, bewegen wir uns in der Illusion der Zeit: Ach ja, morgen höre ich auf zu rauchen ... Morgen verzeihe ich meiner Mutter, die mich vor zwanzig Jahren gekränkt hat ... Morgen tue ich etwas, um glücklich zu sein ... morgen, morgen, morgen! Wir könnten genausogut sagen: nie, nie, nie!

Heilung ist Änderung, Wandlung! Aber diese geschieht nicht nur ein bißchen heute und ein bißchen morgen, sondern ganz, und nur jetzt. Der »Strom«, der im Jetzt strömt, ist nicht lauwarm, halbherzig, kleinkariert, Mini-Volts einer berechnenden Kraft. Nein, im Jetzt strömt das Leben, die ganze Schöpfung in unbegrenzter Volt-Power, kostenlos, aber kost-bar !

Die Übung der Wachheit ist das alltägliche Training, sich ohne Sekundär-Hilfe immer wieder an den »Jetzt-Strom« anschließen zu lernen, was damit beginnt, daß ich feststelle, ob ich auf der Spar-Flamme des Ego lebe oder ob ich wirklich angeschlossen bin an das Unendliche-Strömen. Daß ich selbständig lerne, Plus und Minus zu verbinden. Das Zu-Ändernde (Pol 1) und die Person, die ändern will (Pol 2), werden zu einer Kraft verbunden, die wirkt, die immer **heilend wirkt**, da sie ganz ist. Ohne das Angeschlossen-Sein an diesen schöpferischen oder kosmischen oder meditativen Strom, gelingt Heilung, das echte Ganz-Sein, nie vollständig. Wer sich mit dem Feuer seines innewohnenden Magmas verbinden lernt erfährt dies aus erster Hand.

Wissen – GeWissen – Weisheit

Leben ist Ver-Trauen ins UnGewisse. Unser GeWissen weiß dies. Im GeWissen wirkt das Echo der Meditation. Ohne jemals belehrt worden zu sein, weiß es aus sich heraus, was Wahrheit ist, dies ist nicht mehr Wissen, dies ist bereits Weisheit.

Wissen ist sicherlich in bestimmten Bereichen des Lebens sinnvoll, aber es ist niemals ausreichend, um das Leben ganz zu begreifen. Bei allen Arten von Wissen werden immer die beiden Pole bestehen bleiben: hier die Materie, der Stoff des Wissens, und dort derjenige, der sich dieses Wissen aneignet. Dazu ist viel Fleiß, Ehrgeiz, Interesse und ein gutes Gedächtnis notwendig. Aber kann Wissen mir vollkommen erklären, wer ich bin, was mein Leben ist, was Leben ist, woher Leben kommt und wohin es zurückkehrt, woher die Schöpfung ihre Schöpfer-Kraft nimmt? Kann Wissen mich so treffen, daß es mich wandelt oder heilt? Oder daß es mich er-löst von etwas, was mich bedrückt?

Wir alle wissen von der Not der Welt, von Hunger und Krieg, von Umweltzerstörung, von der Wichtigkeit des GleichGeWichts, aber trifft mich dies so direkt, daß ich meine Lebensweise ändere? Wenn ich weiß, daß ich »Krebs« habe, bin ich dadurch reif zur ausgleichenden Heilung, einsichtig genug, um zu wissen, wo und wie die heilende Tat ansetzen muß? Wird Wissen nicht immer nur diskutiert, was wiederum einen Kriegsschauplatz von rechthaberischen Streithähnen kreiert? Kann Wissen zu Einheit, zu Frieden führen? Ist Wissen wirklich Macht? Oder ist es Ohn-Macht, Ein-Bildung? Gehört es der Welt des Ego an oder der Welt der Wachheit? Spricht das Magma zu uns mit Wissen?

Oder im Gleichnis vom Himmel und der Wolke: Berührt Wissen den Himmel oder nur die Wolke? Kann Wissen das Ganze er-fassen, be-achten?

Oder bleibt es in einzelnen Disziplinen gefangen, in bloßen Kreis-Sektoren (sektiererisch!), ohne den Kreis als Ganzem?

In der sich vertiefenden Übung der Wachheit, offenbaren sich all jene Fragen, und ein großes Ausmisten und Klären findet statt und führt uns tiefer in die Welt des GeWissens.

GeWissen, ohne Maskerade von Moral und Religion, wohnt als natürliche Instanz in jedem Menschen als GeWißheit, die uns lenkt und unterscheiden lehrt, wie wir lebensfördernd oder lebenszerstörend wirken. Diese Kraft dient als Brücke zwischen Wachheit und Ego. Höre ich auf sie, ge-horche ich ihr und übergebe ich ihr vollkommen die Zügel, so mündet sie in Weisheit (höre ich nicht auf sie, dann setzt sich das Ego durch, allerdings mit »schlechtem GeWissen«).

Weisheit findet statt, wenn ich als Suchender, als Wissen-Wollender, vollkommen eingeschmolzen bin in das ZuBelehrende. Darin gibt es niemand mehr, der verstehen will, ebensowenig wie eine Lehre. Lehre(r) und Schüler sind auf-gehoben in **einer** Lebenskraft, die sofort wirkt, lebt, alles (be-)trifft. Der SoBetroffene braucht nicht darüber zu reden oder zu diskutieren oder missionieren, er strahlt Weisheit aus, ist weise und schweigt und versetzt Berge, wie echte Liebe es vermag.

Hat deshalb das Magma des Menschen keine Worte? Ist sein zentraler Sitz daher die Brust-Mitte, wo die Herz-Energie zu Hause ist? Der Weise schweigt – und findet – und strahlt es aus – kost-bares Schmecken von Leben!

Die Übung der Wachheit im AllTag

Der wache Mensch erfährt das Leben immer zum ersten Mal ... Lebendig!

Da es in diesem Büchlein nicht um Wissen geht, sondern um die Übung, wach, wirklich dazusein, lade ich Sie ein, einen neuen, un-gewohnten, Ihnen un-bekannten Alltag zu gestalten. Nur im gewohnten »Ich« zerreißen wir das Leben in AllTag und SonnTag, sehnen uns nach dem Wochenende und beißen die Zähne zusammen, um wieder (!) den gleichen AllTag auszuhalten. Glauben wir wirklich, dies sei das Konzept der Schöpfung, ihr Angebot an den Menschen, so zu leben? Ist es nicht zu einfach, nur am SonnTag »Gott« zu loben, schlafen wir nicht ein, nur um sonntags Schöpfung zu erfahren, sterben wir nicht bereits vor dem Tod, nur um sonntags zu leben?

Solange wir Gast auf der Erde sind, haben wir von der Schöpfung einen natürlichen Platz zugewiesen bekommen, unseren Körper. Über-all, wo wir sind, ist auch dieser Körper. Sind wir *wach in ihm*, spüren wir, daß alles Leben, jeder Tag, jeder AugenBlick, *in* uns geschieht. Das wache Spüren trinkt das Leben Tropfen für Tropfen, das Leben dringt ein bis in alle Zellen, es be-lebt! Es ist ein-verleibt! Es gibt nichts, was mich nichts angeht, es gibt nichts, was getrennt von mir ist. Kein Sonntag kann sich da abspalten von einem All-Tag. Der besondere Tag ist immer *heute*. So nähern wir uns dem Inhalt von AllTag – es ist ein Tag, der alles, das All, fähig ist zu empfangen!

Beginnen wir mit der Übung:

Gleich am Morgen, wenn wir aus dem Schlaf erwachen (!), wer weckt da? Spüre ich die Kraft, die mich da berührt? Ist es nicht einleuchtend, daß wir gerade da ganz direkt »Wachheit« erleben können? Wenn ich mich klar für die Übung der Wachheit ent-scheide, lasse ich von nun an dieses morgendliche Er-Wachen zu, ich bin dafür da. (Gewohnterweise vernichtet diesen Moment sonst das Wecker-Klingeln.) Geschieht am Morgen nicht von Natur aus ein Neu-Beginn? Eine EinStimmung auf den neuen Tag? Bleiben wir einfach, ohne uns zu bewegen, still im Bett liegen. Mit zentrierter Wachheit spüren wir mit all unseren Körperzellen, was uns dieser neue Morgen AugenBlick für AugenBlick zu spüren gibt. Wir schmelzen mit ihm zusammen.

Danach können wir für ca. 20 Minuten die Übung der Wachheit im Sitzen, in der Bewegungslosigkeit, praktizieren. Dabei schlüpfe ich mit meinem wachen Geist spürend in meinen Körper hinein und nehme wahr, was AugenBlick für AugenBlick in meinen Zellen lebt, was die Schöpfung mir mit-teilt, womit sie mich ein-weiht! Diese Sitz-Übung am Morgen ist ganz wesentlich, hier wird die Glut des Magmas zu einem wachen Feuer geschürt – und dieses Feuer ist es, was den ganzen kommenden Tag mit Fünkchen von Wachheit durchdringt, so daß wir nicht so schnell ins Gewohnte, ins Leb-lose abdriften können. Hier schärfen wir unsere Wahrnehmung und fühlen tagsüber viel deutlicher, ob wir im Ego sind oder wach sind.

Nach der Sitz-Übung kommt meist das ganze Ritual von Waschen, Zähneputzen, Frühstücken, In-die-Arbeit-hetzen ... mit wach übendem Geist gilt auch hier: Alles ist das erste Mal! Es ist nichts da, was ich wiederholen könnte. Ich bin einfach nur immer in meinen

Zellen, ganz in meinem Körper drin, was ich tue, ist mit meinen spürenden Zellen verbunden, in ihnen drinnen, und ich er-lebe, was ich gerade tue: das Duschwasser, das jetzt meine Haut berührt, jetzt das massierende Handtuch, jetzt der Duft von Frische, jetzt das prickelnde Bürsten der Kopfhaut, jetzt das Anfassen von Kleidung und das Gefühl der Wärme beim Überziehen. Wenn wir Gymnastik oder Körper-Übungen machen, achten wir darauf, daß sie wirklich Übungen sind und wir in jeder Bewegung spürend drinnen sind (sonst bewirken sie nämlich gar nichts, da niemand anwesend war, den die Wirk-Kraft der Übung hätte treffen können). Beim Frühstückzubereiten bin ich ebenso an-wesend wie beim Frühstücken selbst. Ich genieße nicht nur den ersten Schluck oder den ersten Bissen, sondern jeden. Das geht nur, wenn jemand da ist, der ihn wahr-nimmt und nicht wie üblich ein zerstreutes Ich, das gleichzeitig ißt, Zeitung liest, Radio hört und dazwischen auf die Uhr schaut und sich den Kopf zerbricht über eine in der Arbeit anstehende schwierige Situation. Nicht vieles habe ich zu tun, nur das *eine*, nur dies, jetzt! Auch bei den belang- und lieblosen Tätigkeiten wie Geschirrspülen, Aufräumen, Bügeln sollte man sich nicht in Gedanken verlieren, bis ein Teller ausgleitet oder eine Vase umkippt oder das heiße Eisen den Finger ansengt. Auch bei diesen Arbeiten ist es wichtig, dabeizu-sein, drinnenzu-sein, ein-verstandenzu-sein. Wenn ich die Treppe hinuntersteige, wenn ich die Türe öffne, wenn ich ins Auto steige, tue ich dies *alles wach, alles ist das erste Mal, im Jetzt!*

In all diesen »all-täglichen« Tätigkeiten lernen wir, das Lebendige wieder zu schmecken, dann ist kein Platz da für Gewohntes, für Wiederholung!

Auch wenn ich mit Menschen zusammen bin, sei es in der Familie, bei der Arbeitsstelle oder im Freundeskreis, übe ich, an-wesend zu sein: Dann sehe ich den »anderen« immer zum ersten Mal, ohne ErInnerung, ohne ein Bild von ihm, wie er gestern oder vor zwei Jahren war. Die wache Einstimmung auf den Mitmenschen kreiert ein lebendiges Miteinander, das immer neu beginnen kann. Lassen wir die Übung der Wachheit wirklich wach in unsere menschlichen Beziehungen eindringen, denn ein waches Feuer kann so heilend klären. Wie stark ist doch die Neigung, nach dem ersten Rausch des Kennenlernens, des Neuen, in die Gewohnheit zu fallen (to fall in love?). War es nicht deshalb so berauschend, weil wir zu Beginn des Kennenlernens einer anderen Person bereit sind, sie zu ent-decken? Schicht für Schicht etwas Neues in ihr zu berühren und Neues zu er-leben? Wodurch hört dieses »Den-anderen-Ent-Decken« auf? Weil wir eingeschlafen sind, nicht mehr wirklich an-wesend sind, nicht mehr offen, nicht mehr empfangsbereit für seine Welt, sondern weil wir alles wiederholen? »Ach, ja, ich kenne dich doch!« und schwupps sperren wir unsere Geliebten oder Schon-weniger-Geliebten in Käfige ein, die wir normalerweise nie mehr öffnen. »Mein Mann ist so schrecklich rechthaberisch !«, »Meine Frau ist furchtbar empfindlich!«, »Mein Kind ist so quengelig!«, »Mein Chef ist absolut ungerecht!«, »Meine Eltern verstehen mich nicht!« All diese Ein-Bildungen bis hin zur eigenen Person (»Ach, ich bin so ängstlich, ... ach, ich bin überfordert, ... ach, keiner liebt mich!«), all diese Käfige können wir sofort wieder öffnen, wenn wir den Schlüssel der Wachheit in das Schloß stecken und dadurch wieder ge-öffnet und offen füreinander sind. Begleitet vom Risiko des steten neuen Kennen-Lernens! Praktizieren wir in der Übung der Wachheit ein stets neues Mit-Ein-Ander, dann begegnen sich Menschen nicht mehr als Gegner, sondern der Eine ist mit dem andern, mit-ein-ander, vereint und dadurch erst fähig zu verstehen. Solange wir ein festes Bild vom anderen haben, ihn zu kennen glauben, geben wir ihm überhaupt keine Möglichkeit mehr, sich zu ändern und zu ent-wickeln. Wir schneiden ihn vom Leben ab! So kann ich meinen Liebes-Partner nie kennen, ich kann mein Kind nie kennen, ich kann meine Eltern nie kennen, ich kann meine Freunde nie kennen, ich kann meinen Chef nie kennen, ich kann ein Land, seine Menschen, eine Rasse, eine Kultur, eine Gesellschaft nie kennen, ich kann mich selbst nie kennen.

Aber: ich kann alles kennen-lernen, lernen, wie das »Andere« in diesem einen AugenBlick schmeckt. Ich kann das »Andere« wach empfangen, hier in meinen wachen Zellen – wo sonst? Dann nehme ich das »Andere« ganz auf, nicht bruchstückhaft, wie unser Ego es tut, mit dem Kopf, der das Andere nur bewertet, oder mit dem Bauch, der das »Andere« nur gefühl-duselt!

Das »Andere« wird ganz erfaßt, fließt in meine wachen Zellen ein – wie beim EinAtmen das einfließende Leben –, bis alles ganz in mir er-füllt ist und von allein umkippt in das Ausströmen – die AusAtmung – und ich wieder leer vom Anderen und dadurch bereit bin, das »Andere« neu aufzunehmen. Es ist ein fließendes KennenLernen, ein stetes waches Üben, ein jetzt wirklich An-wesend-Sein.

In allen weiteren Tages-Situationen gilt die Übung der Wachheit. Wir sehen, es gibt nicht nur das bequeme Sich-Zurückziehen für eine morgendliche, meditative Andacht – Wachheit ist in allem, was wir tun, gefordert. Das Wunderbare an der Übung, die uns im Gang-der-Wüste geschenkt wird, ist, daß wir sie überall praktizieren können, ohne dabei exotisch aufzufallen. Es gilt einfach alles mit wachen Zellen wahrzunehmen. Wir müssen ganz im eigenen Körper an-wesend-sein! Abschließend, vor dem Schlafengehen, ist die Übung im stillen Sitzen nochmals dran, Sie werden selbst entdecken, warum. Und wenn Sie im Bett vor dem Ein-Schlafen sind, können Sie den Moment er-leben-lernen, wo Sie vom Wachzustand in den Schlaf kippen – was berührt uns denn da?

Wie wir sehen, ist Disziplin nötig, um aus dem normalen AllTag einen Er-Leuchteten AllTag zu machen. Disziplin im Leben ist nichts Militantes, Strenges oder Verbissenes.

Disziplin im Leben bedeutet nur »Discipulus« = Schüler = Lernender zu sein, stets das Leben neu leben zu lernen!

Beruf und BeRufung

Wir sind nicht auf die Erde gekommen, um Geld zu verdienen, vielmehr, um unsere mitgegebenen Talente mitzu-teilen.
Da wird es niemand geben, der Hunger leidet!

Übe ich das wache AnWesendSein auch in meinem Beruf, dann gilt nicht mehr »ich weiß schon, wie das geht!«, denn auch hier ist alles zum ersten Mal. Wach kann ich mich nicht mehr nach bewährten Rezepten richten, kann ich nicht mehr alles vorausplanen und bestens absichern. Wach bin ich immer Lernender, Schüler, Anfänger und kenne nichts, was ich wiederholen könnte. Wach bin ich wie am ersten Schultag, gespannt, neugierig, bereit zu lernen, leer für Neues, biegsam wie ein Weidenast für die aktuelle Situation, die mir das Leben zuspielt. Wach kann ich mich ein-stimmen auf das, was wirklich ist.

Lassen Sie mich hierzu ein amüsantes Beispiel zeigen, wo ich das Risiko des Anfängers verdeutlicht bekam. Es war meine erste Einladung, öffentlich über die Kraft des Kreises, das »MedizinRad«, zu berichten. Mit Bleistift und Papier saß ich auf meinem Lieblingsbaum und konzentrierte mich darauf, den Vortrag aufzuschreiben. Bevor ich jedoch nur ein Wort zu Papier brachte, fiel mir der Stift hinunter. Verärgert stieg ich vom Baum und durchsuchte das mit Brennesseln und Disteln bestückte Gras am Fuße des Baumes. Ich konnte den Bleistift nicht finden. Auf einmal mußte ich lauthals lachen und erkannte: Mein Vortrag kann erst richtig beginnen, wenn ich mit dem zu diesem Thema interessierten Publikum an Ort und Stelle bin, erst dann kann ich das Publikum in mir aufnehmen und wahrnehmen, was geschehen soll. So serviere ich keinen langweilig vorbereiteten Vortrag, der zwar interessant sein mag, aber nicht berührt, nichts er-weckt, nichts zündet – da er in der Illusion zusammengebaut wurde und nicht von der Wirklichkeit, die nur im »Jetzt« zu Hause ist, empfangen wurde. Der einzelne Zuhörer wird sich nicht angesprochen fühlen, denn ich gehe auf das aktuelle Publikum, das immer anders sein wird, gar nicht ein. Ich ging zwar mit starkem Herzklopfen in den Vortragsraum hinein, erlebte dafür aber die Kraft des SternTalerkindes, das nackt – und nur weil es nackt = leer ist – den Himmel aufnehmen kann. Der ganze Vortrag wurde himmlisch! Das Publikum und ich als Mitteilende schmolzen zusammen zu einer Kraft, die wirkte! Probieren Sie es selbst einmal. Dies gilt für alle Situationen, die wir sonst so gerne absichern. Im normalen Beruf sind wir trainiert zu Profis. Die ganze Liste von Ausbildungsstätten, bedeutenden Jurys und ihren Bewertungen, geben vor, wir verstünden unser Geschäft. Aber sind wir selbst glücklich in unserem Beruf? Er-füllt er uns wirklich? Fordert er mich, indem er mich fördert? Oder ist er reine Routine, hinter der ich mich nach dem eigentlichen Traum-Beruf sehne? Ist mein Beruf wirklich meine Be-Rufung? Schenke ich meiner eigentlichen Begabung nur den kleinen Winkel des Wochenendes, wo ich sie als »Hobby« auslebe? Will ich wirklich nur am Wochenende glücklich sein?

Die Berufung: In den zentrierten Übungstagen im »Land-der-Wüste«, wo wir ja immer tiefer in unser Innerstes eindringen, in unsere eigene leere Wüste, erinnert uns das Lebendige auch wieder an das Talent, das jeder einzelne für seine Erdenreise bekommen hat. Genau dieses Talent ist der Schatz, den wir der Erde schenken können. Es ist eine Gabe, die da in uns ist, die nicht in der Schule gelehrt wird. Diese Gabe ist meine Auf-Gabe!

Ich muß bereit sein, alles andere aufzugeben, damit alles in mir *frei* ist, mich ganz dieser Gabe zu widmen. Der Gabe zu dienen, damit sie sich durch mich verwirklicht. Die beste Lehrstätte dafür sind wiederum unsere wachen Zellen, die sich anschließen an die Schöpfung selbst, da, wo unser Talent zu Hause ist. Der eigenen BeRufung zu folgen ist, dem Ruf der Schöpfung zu folgen. Daraus entsteht kein fest umrissener Beruf, sondern die Disziplin des Gehorsams – stets dem Leben zuhören zu können und *mit* ihm »den Himmel auf die Erde zu bringen«.

Wer seiner echten BeRufung folgt, ist nicht mehr gespalten zwischen einem Job zum Geldverdienen und dem Liebäugeln mit dem Traum-Job. Solch ein Gespalten-Sein wird immer zum UnWohl-Sein und zum Krank-Sein führen, denn wir ver-wirklichen uns dann nicht! In meiner BeRufung bin ich be-geistert = in-spiriert, ich lerne dabei das unbegrenzte kreative Feuer meines Magmas zu gebrauchen, dessen Anziehungskraft durch mich so durchstrahlt, daß ich genau das anziehe, was zur täglichen Verwirklichung meiner Arbeit gebraucht wird.

Glaube – Religion – Wirklichkeit

»Gott« braucht uns nicht als Gläubige, denn so bestehen zwei, die sich nie verstehen und getrennt bleiben. »Gott«, das Namen-los-Schöpferische, braucht uns als Liebende, die Ihn (ES) aufnehmen können.
Der Tempel, der Ihn empfängt, ist unser wacher Körper.

Glaube existiert nur, wenn eine Autorität etwas fixiert, woran man gesetzmäßig zu glauben hat. Hier ist immer etwas Vages, UnRealistisches im Spiel, auch Untertänige, Unterdrückung des freien Geistes sind gefordert. Der Glaube bleibt von dem, woran er glaubt, getrennt. Man ahnt etwas Höheres, aber man hat es nie selbst geschmeckt. Man stellt sich dieses Höhere vor und macht es sich zum Ziel, einst dorthin zu kommen. Man bittet dieses Höhere um Hilfe, anstatt sich so zu verfeinern, daß man sich ein-stimmen lernt, wirklich »eine Stimme zu sein« und selbst be-stimmen zu können. Der Gläubige redet meist viel von Gott und seinem Glauben und neigt dazu, den Un-Gläubigen zu verachten. Aber strahlt das Göttliche wirklich in seinem konkreten Leben durch? Gehören Glaube und Religion nicht ganz fest zusammen, und wo existiert eine Religion, die nicht unterdrückt? Die ohne den Glauben auskommt?

Religion kommt von »religio« und bedeutet Rück-Bindung. Alle herkömmlichen Religionen binden (bei wachem Hinsehen) nur an alte Schriften, alte Gesetze, Legenden, Vorschriften bis hin zu Kasteiungen, Askese, Rituale ... binden an Priester, die die Religion auslegen, Gott erklären. Welche Religion teilt eine Übung mit, die jeder für sich allein üben kann, um die in Wirklichkeit bestehende Rück-Bindung zum UrSprung allen Lebens, aus erster Hand, selbständig zu er-leben? Wer aus eigener Kraft die VerBindung zum Leben, zur Schöpfung, halten lernt, spricht nicht von Gott, sondern lebt Gott, kreiert weder eine Lehre noch ein religiöses System. Er bleibt weise und schweigt, damit sich Gott, die Schöpfung, immer neu mit-teilen kann.

Wirklichkeit findet statt, die Schöpfung ver-wirklicht sich, Gott wirkt! Liebe findet statt, weil zwei sich gefunden haben – sich ge-eint haben!

Krank-Sein – Gesund-Sein

Wir können unser Leben so gestalten, daß wir gesund sterben können.

Solange wir von Krankenhäusern, statt von Gesundheitshäusern, sprechen, solange wir Kranken-Versicherungen abschließen, statt eine Gesundheits-Versicherung, geben wir eindeutig zu, daß wir dem Kranken den Vorzug geben. Alles dreht sich um das Kranke! Vielleicht, weil es konkret da ist und uns das Gesunde abstrakt vorkommt, wir eigentlich keine Vision von »Gesundem« haben? Jeder, der eine Kranken-Versicherung annimmt, ver-sichert sich damit ins Kranke, betritt die Welt des Kranken. Nur im ängstlichen »Ich«, im »Was-Sein-Könnte«, sind wir empfänglich für solch schein-heile Absicherung. Hilft sie uns wirklich, zu gesunden?

Was ist das Gesunde? Ge-Sund-Sein, übersetzt bedeutet es »Lebens-Sonne-Sein«. Wenn unser gewohntes »Ich« im Feuer des Magmas eingeschmolzen ist, verwandelt es sich zu Wachheit. Es ver-brennt und wird Licht. Wer leuchten kann, ist gesund und be-sonnen.

Im Spanischen heißt Krank-Sein »enfermo«, darin steckt »Eingeschlossen-, Eingesperrt-Sein«. Eingesperrt im »Ich«, und dadurch abgetrennt von der Energie des Lebens.

»Angst« kommt von »angustus« und bedeutet »eng«. Eingezwängt zu sein ins Korsett einer Ich-Bezogenen, Ego-Zentrischen Welt macht krank.

Inzwischen entdeckt sogar die Wissenschaft, wie lebensnotwendig die Photonen, die Licht-Zellen, für die Gesunderhaltung des Körpers ist. Wie wichtig Licht-Nahrung ist, die wir nicht nur über Sonne, Keime, Sprossen und natürlich gewachsene Nahrung aufnehmen, sondern vor allem auch durch das Licht hinsichtlich des Be-wußt-Seins. In der Übung des wachen An-WesendSeins lernen wir, uns an das im »Jetzt« fließende Lebendige anzuschließen. Gibt es für uns auf der Erde eine heilere Kraft als den Saft der Schöpfung selbst?

Dies kann nur *direkt*, im Liebes-Akt Mensch-Schöpfung, als Realität erfahren werden. Alles andere, mehr Worte, mehr Definitionen, bleiben reine Spekulation.

In der Wüsten-Übung jedenfalls dreht sich alles um das Gesund-Sein!

Monte-Do-Silencio – Der Gang in die Wüste

Es ist nicht die Stille, die schön still ist, es ist die Stille, die einschlägt wie ein Blitz – und alles er-leuchtet.

Monte-Do-Silencio, der »Berg-der Stille«, verwirklichte sich zu seiner BeStimmung allein durch das Gesetz der Schöpfung: das Un-Mögliche möglich zu machen!

Daß dieses Stückchen wilde Natur im Süden Portugals heute ein idealer Ort ist, um »den Gang in die Wüste«, die Übung der Wachheit, zu praktizieren, verdanken wir, seine »Hüter«, mein Lebensgefährte Pedro und ich, dem Umstand, daß wir es immer wieder fertigbrachten, uns völlig aufzugeben und das Ruder der Schöpfung übergaben. Die Geschichte ist schön und wunder-voll, wie nur Märchen voller Wunder sein können, so schön, daß ich sie zum Ende dieses Büchleins mit-teilen will:

Ohne jemals einen Gedanken in Richtung Portugal verschwendet zu haben, erlebten Pedro und ich einen Sog, der uns einfach dorthin zog. Seit Jahren wanderten wir wie Nomaden über die Erde, immer auf der Suche nach dem Stück Land, auf dem wir unsere Vision verwirklichen könnten. Ein Land mit viel unberührter Natur weit und breit, mit Stille und Einfachheit, das uns mit eigenen Früchten und Gemüse ernährt und das offen ist für alle Menschen, die ihre Gesundheit stärken wollen, die wach werden wollen. Wir suchten viel auf kanarischem und südamerikanischem Boden, bis uns

81

eine Kraft, die wir beide gleichzeitig wahrnahmen, nach Portugal lenkte. Wir hatten zwei Wochen Zeit, kündigten vorher unser gemietetes Haus in Süddeutschland, um dieser Kraft, die uns »rief« eindeutig zu zeigen, daß wir wirklich »offen« und frei sind. Konzentriert lernten wir einen portugiesischen Basis-Wortschatz, und nach einer Woche standen wir am heutigen Berg-der-Stille, damals noch »Monte-do-Fome« – »Hunger-Berg«. Er war tatsächlich verhungert! Wie ein Waisenkind vernachlässigt, fast alle Bäume und Pflanzen waren vertrocknet und seit Jahren nicht mehr geschnitten und gepflegt. Es gab kein fließendes Wasser, nur einen tiefen Steinbrunnen weit weg vom Haus am Fuße des Berges. Es gab auch keinen Strom. Das Lehmhaus war eine einzige Ruine mit einbrechendem Dach, verwahrlost, Refugium für Ameisen, Bienen und Ratten. Wir waren darüber unterrichtet, daß man in Portugal noch die Möglichkeit zum Miet-Kauf haben kann, alles andere wäre für uns illusorisch gewesen, da wir keine genügend große Summe zur Verfügung hatten, um etwas mit einem Schlag zu kaufen. Nun, die Bedingung beim »Hunger-Berg« lautete: 10 Prozent Anzahlung beim Vorvertrag, den Rest innerhalb 4 Monaten. Der Vorvertrag sollte in zwei Tagen abgeschlossen werden. Diese Kraft, die uns da lenkte, verlangte eine klare Ent-Scheidung, sie ließ kein ängstliches Zaudern und Herumrechnen zu. Wir setzten uns nachts unter den SternenHimmel, hellwach, um die Antwort zu erlauschen. Da warf dieser glänzend perfekte Himmel im Zeitlupentempo eine Stern-Schnuppe fast vor unsere Füße – wir empfingen sie im Herzen und erkannten das »Ja«! So marschierten wir am Tag des Vorvertrags tapfer zum Notar und verbrieften. Der »Berg-des-Hungers« wurde einfach in unsere Hände übergeben, vielleicht, weil er sich sehnte, »Berg-der-Stille« zu werden? Bestimmt!

Wieder nach Deutschland zurückgekommen, verließ uns das Wunder dieses wunder-vollen Märchens nicht. Wir konnten sofort für die 4 Monate bei Freunden wohnen, wir hatten Arbeit in allen Himmelsrichtungen und waren echte Roadies, ständig unterwegs, flexibel für alles. Wir erwirtschafteten ein hübsches Sümmchen, aber nicht genug für den erlösenden Speiseplan des Hunger-Berges. So entstand ein Blatt Papier mit der Einladung zur Mit-Hilfe, das im Freundes- und BekanntenKreis von Hand zu Hand weitergereicht wurde. Man konnte entweder ein zinsfreies Darlehen geben oder einen Gast- oder Meditations-Aufenthalt vorausbezahlen und kreuzte Betreffendes an. Wir waren freudig überrascht darüber, daß viele dieser Papiere ausgefüllt zu uns zurück kamen. Es entstand sogar eine neue Rubrik, die sich »Gabe des Herzens« nannte, ein bedingungsloses Geben. Glücklich wurden wir zu Eingeweihten der unendlichen kreativen Kraft des Lebens und sahen zu, wie sich das Un-Mögliche verwirklichte ins Mögliche. Darin erkannten wir auch das Echo unserer bisherigen Lebensweise. Wir lebten auch in Geldangelegenheiten das Prinzip des Fließens, alles was übrig war, floß dahin, wo es gebraucht wurde, und lagerte nicht in Banken ein. Wie ein Bumerang flog nun dies zu uns zurück! Vor Beendigung der 4 monatigen Frist war sogar noch eine kleine Summe übrig, so daß wir mit der Dach-Renovierung beginnen konnten. Am 5. Mai 2000 standen wir am Hunger-Berg und tauften ihn zum »Berg-der-Stille« um. Wir gaben ihm unser Wort, daß unsere 4 Hände und unsere zwei Herzen ihm alles geben werden, was wir geben können, damit er sich zu einem Garten Eden verwandeln kann.

Gesagt, getan. Wir fingen sofort an. In diesem Zusammenhang muß betont werden, daß weder Pedro noch ich die leiseste Ahnung von Bau-Arbeit hatten, welche aber nun sehr gefragt war, denn zum Wohnen hatten wir nur dies völlig kaputte und verwahrloste Haus. Wir richteten uns einen Raum etwas freundlich her. Leider goß es für zwei Wochen in Strömen, und alles war durchnäßt. Ich erstand einen Küchenherd für Gas und war dankbar, wenigstens einen heißen Tee kochen zu können. Unser restliches Hab und Gut, vor allem die vielen kostbaren Instrumente, standen gestapelt in Kisten im ehemaligen Backofen- Raum, wo die Tauben gurrten und Freude daran hatten, alles zu düngen! An Baustellen beobachteten wir die Handwerker – mit Zuschauen und Fragen erprobten wir im eigenen beherzen Handanlegen, was wir dort erfahren hatten – und: es gab einen Zimmermann, der bereit war, mit uns gemeinsam das Schwierigste, das Dach, neu zu bauen.

Da Pedro und ich große Naturliebhaber sind, fingen wir sofort an, Bäume, Palmen, Sträucher und Blumen zu pflanzen, die wir dann in den heißen Sommermonaten in 4-stündiger abendlicher Gießarbeit mit Kannen am Leben zu erhalten versuchten. Auch alles Wasser, das zur Renovierung des Hauses gebraucht wurde, mußte vom Fuße des Berges, wo der Brunnen war, hochgeschleppt werden. Es war eine sehr harte Arbeit. Wir waren auch sehr abgemagert, da wir das gespritzte Gemüse aus den Läden nicht vertrugen. Der Gemüsegarten, der eigene, stand noch in ferner Zukunft. Mit Pickel und viel Geduld legten wir die ersten Beete an. Sie beherbergten keinen einzigen Regenwurm, kein bißchen Humus, dafür Ameisenvölker ohne Ende und Steine über Steine. Da schickte, wie es sich bei Märchen gehört, wenn die »Helden« genug gelitten haben, der Himmel einen Schäfer zu uns, den Hüter der Ge-

gend, der zu unserem Weisen wurde, den wir alles hinsichtlich portugiesischer Landwirtschaft fragen konnten. Auch Mist bekamen wir von ihm. Quadratmeter für Quadratmeter besserten wir die Erde auf und beschnitten die halb verdorrten Bäume. Dann war unser Geld alle. Tagelang rätselten wir, was nun geschehen sollte. Ein Freund tauchte überraschenderweise auf und impfte uns die Idee ein, dieses vertrocknete Wüstenland hier zu verkaufen und nach Thailand zu gehen, wo er die schönsten Ländereien gesehen hatte. Diese seien noch dazu sehr billig und irrsinnig fruchtbar! Wir waren so verloren und erschöpft, daß wir den Berg-der-Stille sofort widerstandslos einem Makler anvertrauten, der in einer Woche zum Vertragsabschluß kommen wollte. Überglücklich, befreit von dem ewigen »Wie solls weitergehen?« genossen wir, daß wir nicht mehr grübeln mußten, wie wir Toilette und Bad, die es bislang nicht gab, bauen sollten, wie wir in Hausnähe nach Wasser bohren sollten, wie wir das Problem der Elektrizität lösen sollten und wie wir alles bezahlen sollten. Endlich hatten wir mal Zeit und machten einen Ausflug zum Meer. Doch innerhalb der kommenden Woche wurden Pedro und ich immer bedrückter. Eine halbe Stunde bevor der Makler kam, sahen wir uns an, und gleichzeitig schoß es aus unseren Mündern: Wir verkaufen nicht! Glücklich umarmten wir uns, und der Makler war auch nicht verärgert. Sein verständnisvoller Kommentar war: »Dann können wir jetzt wenigstens ›du‹ zueinander sagen.«

Seit diesem Moment haben wir uns mit einem noch viel tieferen »Ja« als bisher auf unsere Auf-Gabe hier am Berg-der-Stille eingelassen. Es warteten aber auch einige schwierige Situationen auf uns z.B. Böden gießen, wo vorher Wiese war wie im Stall, den wir zu einer improvisierten Praxis herrichteten, oder das Ausschlagen der Mauer, um Löcher für Türen und Fenster zu erhalten, das Finden von geeigneten Fenstern und Türen, das Legen der Böden im Haus, das Verputzen und Renovieren der Lehmwände, der viele Müll, der am ganzen Platz verstreut war, das Bohren nach Wasser in 85 Meter Tiefe, der Bau des Brunnenhäuschens, das Ermöglichen der Elektrizität, um die Wasserpumpe überhaupt nutzen zu können, Papier-Kram mit Aufenthaltserlaubnis und Ummelden des Autos, der Bau eines Badehauses mit eigenem ökologischen Klärsystem und dazwischen immer wieder Geld verdienen, was wir mit Bücherschreiben und Meditationskreisen in Deutschland, aber auch schon ersten Patienten und Gästen vor Ort realisierten. Und wirklich, Seite um Seite, wie beim Märchen-Lesen, entpuppte sich der Schmetterling aus der Raupe. »Jetzt sieht es wie ein echtes Haus aus«, lobten die neugierigen einheimischen Besucher. Alles freute sich, aber besonders freuten sich Pedro und ich. Pedros Meisterwerk vollendete sich im Mai 2003, ein runder Pavillon mit Dachterrasse für die Übung der Meditation, die Übung der Wachheit. Alles von Hand gebaut, ohne großes Wissen, aber einig im VerTrauen und in steter Disziplin, stetem Lernen.

Niemand hat an diesem Platz soviel gelernt wie Pedro und ich. Wir durften wirklich er-Leben, wie sich ein Wunder manifestiert.

Wir wurden eingeweiht in das wundervolle Leben, das immer wundervoll ist, wenn wir es nicht mit Angst und Eigendünkel überschatten, sondern lernen, uns ihm anzuvertrauen. Nach dem Ernten muß der Acker für eine Weile ruhen. Wenn im Geldsäckel das Klingeln fehlt, dann bedarf es einfach einer natürlichen Pause, es ist wie beim Atmen, die Leere nach der AusAtmung, zieht sie nicht von Natur aus das neue EinAtmen an, die neue Fülle? Pedro und ich gaben uns immer mehr auf in unserem Gang-in-die-Wüste und lernen bis heute, der Schöpfung das Ruder zu übergeben.

Ich habe hier einen gekürzten Ausschnitt dieses Märchens wiedergegeben, um Ihnen, lieber Leser, mitzuteilen, daß die Übung der Wachheit nichts Abstraktes ist. Alles, was ich in diesem Büchlein mitteile, kann ich nur teilen, weil ich es mit Haut und Haar erfahren habe. Anfangs sprach ich von Er-Mutigung. Ja, das kann ich bestimmt, Sie, den Leser ermutigen, jetzt, am Ende dieses Büchleins, zur Tat zu schreiten: das zu ver-wirklichen, was Sie wirklich sind: EbenBild der Schöpfung. Sich der Kraft an-vertrauen-lernen, der Kraft, die Sie auch mit dem Inhalt dieses Buches verbunden hat, was nur geschehen konnte, weil etwas in Ihnen reif genug ist, um das »Kino« zu verlassen und ins wirkliche Leben einzutauchen ... auch wenn es Ihr bisheriges Leben kostet!

Der Gang in die Wüste auf Monte do Silencio:

Wer sich entscheidet, die Übung der Wachheit auf Monte-do-Silencio und in der dort anwesenden Natur-Kraft, zu der auch ein Fluß gehört, zu üben, kann sich auf folgendes ein-stimmen:

Ein »Kreis«, der den »Gang in die Wüste« praktiziert, zentriert sich auf 4 TeilnehmerInnen. Geübt wird 14 Tage ohne Unterbrechung, was sein muß, damit die Übung nicht vom AllTags-Leben abgespalten ist. Es ist keine Gruppenarbeit oder herkömmliche Therapie. Es ist eine Arbeit, die sicher die schwierigste von allen Arbeiten ist, weil sie uns ganz auf uns selbst zurückwirft. Sie kommen in die besten Hände, in Ihre eigenen! Es wird abwechselnd gemeinsam im Kreis geübt und einzeln in der Natur. Es ist viel Platz für das Draußen-

Sein, um Drinnen-zu-Sein, Eins-zu-Sein mit der Natur der Schöpfung.

Es gibt den »Ahnen-Pfad« für ein waches Wandern entlang des Flusses, die Erde der Ahnen berührend, deren Spuren bis zur EisenZeit zurückführen – es gibt alte Korkeichenwälder zum Lauschen, eine aromatische Luft voll von Rosmarin, Lavendel, Thymian, Eukalyptus. Es gibt Blumenwiesen aus Kindheitstagen mit wild wachsenden Iris, Elfenmützchen, Schwertlilien – es fliegen Störche durch die Lüfte, Schildkröten und Süßwasserlangusten und Salamander leben wie in einem kleinen Paradies. Und alles ist still! In diesen 14 Tagen sprechen wir auch nicht. Dieses Schweigen hilft, Kraft zu zentrieren. Die Möglichkeit zum Einzelgespräch ist immer gegeben. Untergebracht ist man in Einzelzimmern. Die Arbeit wird unterstützt durch eine basenbildende Nahrung aus dem biologisch betriebenen Gemüsegarten. Naturton-Musik von Klangschalen, Trommeln, Gongs begleiten die Medizin der Stille.

Die Übung der Wachheit wird als 14-tägiger »Gang-in-die-Wüste« zweimal im Jahr angeboten, im Frühjahr und im Herbst.

Interessierte bitte Programm anfordern. Die Adresse finden Sie auf der letzten Seite.

»Sternschnuppen«
aus dem Land der Wüste

♡

Meditation ist
wie die Magma der Erde:
sie brennt als Feuer
ohne je zu verlöschen.
Sie ist die Magma des
Menschen.
Alles er- leuchtend !!

Meditation ist
die Sprache der
Schöpfung ....
der Mensch versteht sie
solange nicht bis er
alle anderen Sprachen
aufgibt:
alles, was er gelernt hat,
woran er geglaubt hat,
seine Vor-Stellungen,
seine Wünsche,
seine Lehren,
sein Wissen,
seine (Ein-)Bildung
seine Religionen
seine Philosophien

und die Sprache
wieder da ist
ohne gelehrt zu werden,
die von Anfang an da war:
Die Sprache der Stille !!

Das Leben hat dem
Menschen alles mitgegeben,
was er für seine Erden-Reise
braucht.
Damit wir uns daran
er·innern,
zwingt es uns,
selbst ins Innerste zu
gehen:
denn nur dort finden wir
seinen
"Weg-Weiser".
Den Weisen, der den Weg
kennt -
den Weisen, der ich selber bin.

♡

Mit jedem neuen Sonnen-
Aufgang lädt das Leben
uns ein ein neues Univer-
sum zu entdecken.
Aber leider sehen die gewohnten
Augen immer nur den gleichen
Morgen -
obwohl dieser Sonnenaufgang,
jeden Augen·Blick geschieht....

Genau so, wie die
Frage aus meinem
Inneren kommt,
kommt auch die
Antwort aus mir selbst.
Es bedarf nur jemanden,
der da ist
und zuhört ....

♡

Wer aufhört,
selbst seine
Heilung zu finden
hört auf zu leben.

Wer glaubst
Profi zu sein,
hat verloren
neues zu lernen.

Das wirkliche Leben
ist immer "das Erste · Mal".

Kristall und Diamant
sind durch Druck
entstanden.
Druck, schwierige Situationen,
Krisen ..... formen oder
Mensch zum echten Menschen.

♡

Wer herausfinden will,
was "Meditation" ist,
wird herausfinden,
was "Mensch-Sein" ist.

Es geht nicht darum, zu wissen,
wer ich bin,
sondern es zu er.leben.
Dies ist der wesentliche Unterschied!

Wenn ich weiss,
dieses hier ist ein Apfel —
was weiss ich denn dann von ihm?
Wenn ich aber in den Apfel reinbeisse,
und ihn selber schmecke,
lebt er dann nicht in mir —
als Gewissheit, wie er ist?

So einfach möchte das Leben
uns unterweisen — be-leben:
Es müss mir jemand da sein,
der in es hineinbeisst..... dafür hat
es uns Zähne gegeben,
alles übrige geschieht durch
Weisheit der Lebendigkeit selbst:
Von der Verdauung bis zur
Aus.Scheidung!
(und wehe, es mischt sich da
ein "Ich" ein —
welch ein Chaos!")

94

Das Einzige,
was wirklich
ist,
ist
dieser Augen-Blick

♡

Das echte Leben
ist immer überraschend
unbekannt —
und daher lebendig!!

♡

Der Mensch
ohne Meditation
ist kein Mensch.

Jetzt besuche ich
mich —
hoffentlich ist
jemand zuhause !!

Meditation ist
nach·hause·kommen,
zuhause·sein !!)

♡

Warum gelingt es
dem Kind
den Himmel zu berühren?

Weil es sich keine
Gedanken über ihn macht —
sondern ihm ver·traut?

Meditation
ist
lebendig sterben
und nicht
wie gewohnt
schon tot vor dem
Tode.

Wer wach stirbt,
stirbt nie !

Wir können unser Leben
so gestalten, dass wir
gesund sterben können !!

♡

Das "Ich",
das Ego-zentrische,
ist
die Ent-Täuschung

Gott zu finden
beginnt mit
Sich-zu-finden :
Dies bedarf des Mutes,
sich von allem zu befreien,
das vergibt, von Gott etwas
zu wissen.

♡

"Gott" braucht mich
leer,
um mich (er-) füllen
zu können "!"

Es ist nicht Meditation,
das wir lernen.
Meditation existiert immer –
mit oder ohne uns –
als Welt-des-Lebendig-Seins.
Das einzige, was zu lernen ist
sich auf dieses Lebendig-Sein
einzustimmen:

Eine Stimme, eine Stimmung
zu sein
und Meditation Be-Stimmung
des Menschen ist.

♡

Meditation
ist die Bereitschaft,
jeden Augen-Blick
zu sterben
und als absolut neues
Leben zu beginnen .....

Das Leben auf der
Erde braucht uns
nicht als Geschäfts-Partner,
sondern als Liebes-
Partner

♡

Es ist völlig belanglos,
ob es einen Weltkrieg
geben wird oder nicht......
Das Einzige, worauf es
ankommt, ist,
ob ich jetzt zu·frieden bin:
Ob mir Frieden habe.

Solange ich nicht
weiss, wer ich
wirklich bin,
finde ich keinen Frieden
in mir.
Damit Frieden auf der
Welt geschieht,
gibt es keine dringlichere
Friedens-Arbeit als herauszufinden, wer ich wirklich
bin ......
wer dies herausgefunden hat,
weiss es immer noch nicht,
aber:
er strahlt es vollkommen aus !!

♡

Meditation
ist
Da·Sein
ohne
Vergangenes und
Zukünftiges

Wer bin ich,
wenn für einen einzigen
Augen·Blick mein Ego
schweigt?
Hat mich je solch ein
Augen·Blick berührt,
dann hat er alles in mir
vollkommen verwandelt.

♡

Mein Reichtum ist,
immer weniger
zu brauchen!!

(Pedro)

♡

Das Leben,
das wirkliche,
ist nie be-rechnend.

Es lässt sich nie be-rechnen.
Seine einzige Sicherheit
ist seine Un·Sicherheit.

Wenn ich etwas
ändern
möchte,
muss ich es
jetzt
tun!!
Wann sonst?

♡

Wenn ich ein Kind
in seinem Reifen begleiten
darf, erzähle ich ihm nicht
von Gott
aber gebe ihm alles,
dass es mit eigener Kraft
erforscht, ob dieser Gott
existiert — oder nicht ...

Der Mensch in den
Augen der Schöpfung —
ist nicht der Mensch
in den Augen des "Ich".

Den Unterschied herauszufinden — ist dies der
Sinn des Lebens?

♡

Wenn der Mensch erkennt,
wer er wirklich ist,
ist Frieden in ihm —
und damit Frieden in der Welt.

Solche Erkenntnis kommt nie
aus zweiter Hand —
sie ist das reine Ergriffen-Sein
von wachem Da-Sein.....

Das, was Meditation ist,
ist als Kosmisches Ur-Zen
in jedem Menschen verankert.
- Same Magma,
Sein Feuer der Wachheit.

Daher kommt kein Mensch
daran vorbei,
wach zu werden,
"Mensch" zu werden,
denn die Natur dieses Zen-Codes
ist, auszubrechen wie
ein Vulkan ......

♡

Ist mein Wesen,
all-wesend,
wirkt Meditation.

Betritt mein Ich
die Bühne,
geschieht Theater, Drama,
Show-Business,
Unterhaltung!"

Da die Schöpfung weder
arm noch reich,
weder gut noch bös,
weder gestern noch morgen
erschaffen hat —
auch nie ein Land, Amerika,
Afrika, Asien .... getauft hat,
keinen Russen, keinen Europäer,
keinen Thailänder .... kreierte,
kein Christentum, keinen Buddhis-
mus, keinen Islam .... oder sonst
eine Religion verkündet
ist es weise,
sich ihr wieder in ihrem reinen
Ur-Sprung zu nähern:
da wo Schöpfung frei ist — !!
"Reine Schöpfung!"

♡

Wachheit
offenbart die Fähigkeit,
Wirkliches und
un-Wirkliches zu unter-
scheiden.

Weisheit,
Wahrheit,
Liebe,   } ist da !!
Meditation,
Eins-Sein

Es kommt aus Licht,
durch den Tod des Ego !!

♡

Damit Meditation
wirken kann,
braucht es den
"leeren" Menschen,
der an nichts mehr glaubt,
und wie eine leere
Schale den Saft des Lebens
empfängt,
geniesst,
und selber weiss,
wie es schmeckt !
Augen-Blick für
Augen-Blick !
Köst-bares Leben !

Nachwort

Siehe Seite 9

Kontaktadresse:

Marielu Lörler
Monte do Silencio
Portela do Lobo
P-7670-609 Ourique
Tel.: 00351-286545219